AF455933

JÉRÉMIE

HAITI INDÉPENDANTE

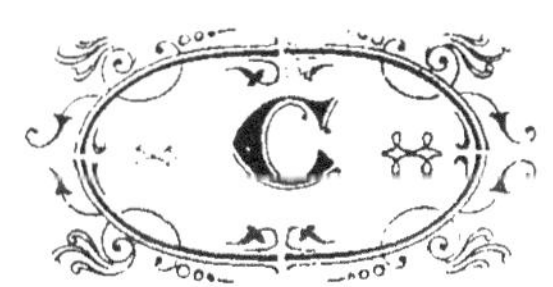

PORT-AU-PRINCE

CHÉRAQUIT, IMPRIMEUR-ÉDITEUR
1516, RUE DU DOCTEUR AUBRY, 1516

1929

JÉRÉMIE

HAITI INDÉPENDANTE

PORT-AU-PRINCE

CHÉRAQUIT, Imprimeur-Éditeur
1516, Rue du Docteur Aubry, 1516

1929

PRÉFACE

Il y a aujourd'hui trente sept ans, des jeunes gens à peine sortis des classes se réunissaient pour jeter les bases d'une association littéraire et artistique, en vue de préparer les esprits à la célébration du centenaire de notre Indépendance.

Le plus enthousiaste d'entre eux, Pierre Laforest, allait partout, demandant des adhésions à cette œuvre patriotique. Les hommes âgés de plus de trente ans disaient prématurée leur initiative, tout en admirant cependant leur élan et leur foi D'autres pensaient que c'était aux Pouvoirs publics qu'il revenait de mettre la nation debout pour fêter les héros de la plus grande entreprise qui fût au XIXe siècle. J'ai eu à présider le bureau d'âge, et cette heureuse circonstance m'a valu l'honneur de mériter le titre de président fondateur de l'association.

La séance solennelle d'inauguration fut tenue le 17 Janvier 1892 au Palais du Corps Législatif. Ce soir-là ce ne fut pas sans peine que l'on parvint à retenir Pierre Laforest qui avait à prononcer son discours en qualité de vice président. Le gouvernement venait de le nommer professeur au Lycée des Gonaïves, et le voilier qui devait le porter à son poste attendait le premier vent favorable. Ce jeune homme plein d'énergie allait donc nous manquer. La direction de l'école du soir me fut confiée.

Laforest était d'une telle modestie qu'il se félicitait seulement d'avoir pu entraîner quelques citoyens d'élite. Il passa les derniers jours de sa vie dans un silence que l'on peut reprocher à ses contemporains. Il mourut à Saint François de Sales. Quelques rares parents et deux filles de la Sagesse suivirent son cercueil. Sa mémoire nous est chère, car l'œuvre fondée par lui a mis sur la scène les jeunes hommes qui, à partir de 1892, devaient être dans notre pays les fervents promoteurs des idées.

Parmi les zélateurs de la jeunesse d'alors, s'il ne faut nommer que ceux qui ne sont plus, nous citerons Massillon Coicou, Pierre Frédérique, Arsène Chevry, Robert Geffrard, Elie et Justin Lhérisson.

Coicou s'est révélé dramaturge, et, en des vers métalliques, il a fait revivre l'épopée des aïeux. Chevry a donné ses « Areytos » qui le font surnommer le poète indien. Robert Geffrard, en des vers mis en musique par lui-même, a fait vibrer son âme dessalinienne. Tous ont laissé des pages qu'on serait heureux de relire aujourd'hui.

Notre théâtre attirait tout Port-au-Prince à Bagatelle-Villa. Les classes humbles bénéficiaient aussi de ce mouvement littéraire, car chez nous étaient logées l'école du soir et l'œuvre des ouvriers.

L'association a eu des jours brillants sous la présidence de Massillon Coicou et de Pierre Frédérique.

Quand éclatèrent les événements de 1902, nos rangs furent rompus. Aux yeux de plusieurs, l'Association du Centenaire était devenue le parti firministe. Etait il vain l'espoir de célébrer dans un accord parfait la clôture du siècle des aïeux? Six mois de guerre civile semblaient donner raison à ceux qui disaient: « Nous n'avons pas à rappeler les fautes et les hontes de notre passé. » Mais, d'autres pensaient que les taches de la journée ne font pas oublier le soleil radieux du matin.

On était dans un doute désolant, lorsqu'un jeune homme qu'aucune situation ne décourageait vint ranimer l'idée du grand devoir à accomplir. Benito Sylvain fut écouté. On se réunit sous la présidence de Justin Dévot. On me laissa le soin de présenter au Conseil des Secrétaires d'Etat un projet de loi qui engagerait le gouvernement à l'action.

Un autre comité se constitua sous la présidence de Septimus Marius. Les deux groupes me témoignèrent la plus bienveillante confiance. Lorsque Monsieur Renaud Hyppolite, Secrétaire d'Etat de l'Intérieur, eut la pensée de les convoquer pour les convier à la fusion, la tâche me fut facile, car l'idée d'un mouvement d'ensemble avait fait du chemin.

On ne tarda pas à reconnaître que les proportions de l'œuvre dépassaient les ressources du pays. Il n'était pas possible de dresser partout où se sont accomplis les hauts faits de notre histoire des monuments commémoratifs Le groupe Justin Dévot se chargea de l'érection d'une colonne à tous les héros de 1804, et le groupe Septimus Marius de l'érection d une statue à Jean Jacques Dessalines, fondateur de l'Indépendance. Les ressources étaient si faibles que le général Nord Alexis dut, personnellement, verser cinq cents dollars pour solder le coût de la statue du fondateur. La colonne ne fut pas érigée. L'association, pour bien marquer son intention, posa la pierre d'attente sur la place de l'Intendance, devenue par décision officielle « Place de l'Indépendance. » (*)

Au point de vue des choses tangibles, elle n'a pas beaucoup fait, mais elle a levé la pierre de l'oubli qui pesait sur bien des noms glorieux de notre histoire Elle a mis au concours un hymne national. L'œuvre de Justin Lhérisson et de Nicolas Geffrard, agréée par elle, est admise dans toutes les écoles

Vétéran de l'armée haïtienne, le général Nord Alexis, Président de la République, tenait à donner le plus vif éclat à la fête des héros. Il entreprit sur des assises presque oubliées la construction d'une cathédrale où les signataires de l'Indépendance seraient représentés en de magnifiques vitraux. Le temps était trop court pour la réalisation d'un pareil projet ; mais l'idée d'associer l'Eglise à la Politique pour la plus grandiose des fêtes nationales eut un merveilleux effet.

Le premier janvier 1904, le Président alla en personne fêter le centenaire aux Gonaïves. Sur l'autel de la patrie, entouré des vieux officiers de l'armée, il renouvela le serment des aïeux, au bruit d'une salve de cent-un coups de canon.

Le poète Emile Dominique recueillit, à cette occasion, la signature des principaux personnages présents.

A la capitale, l'Association eut l'honneur de présider officielle-

(*) Depuis la translation des restes de Dessalines et de Pétion dans un même tombeau, c'est la Place Pétion qui porte ce nom.

ment aux manifestations publiques. Mais une note triste devait clôturer la fête du soir. Tandis que sur la Place de l'Intendance nous circulions joyeux à travers les oriflammes et les cent tables chargées de fleurs et de vins fins, un drame sanglant se jouait à la rue du Port. La foule se dispersa.

L'inauguration de la statue de Dessalines mit fin à notre mission. Mais le gouvernement, longtemps après, voyait encore en nous un groupement nécessaire. C'est ainsi qu'il nous marquait une place dans les cérémonies officielles.

Grâce à l'initiative de Monsieur Charles Leconte — il est juste de le rappeler — la ville du Cap aussi a érigé une statue au Général en chef de l'armée indigène.

On sera étonné de ne pas trouver dans ce volume tous les actes de l'Association du Centenaire. Les événements politiques ont dispersé les archives de Massillon Coicou et de Pierre Frédérique. L'auteur lui-même n'a pas pu retrouver tous ses discours. Mais il juge qu'en livrant à la publicité les documents qu'il a sous la main, il donne une idée suffisante du mouvement auquel il a pris part, de 1891 à 1904. Le lecteur acceptera qu'il reproduise ici des allocutions qui ont été prononcées en des manifestations patriotiques bien éloignées du Centenaire. Il présente aussi comme introduction la préface qu'il a écrite pour l'ouvrage presque introuvable d'Emmanuel Chancy : *l'Indépendance Nationale d'Haïti*. C'est un hommage rendu à la mémoire d'un homme qui a su nous faire apprécier toute la grandeur de notre histoire.

JÉRÉMIE

Port-au-Prince, juillet 1928.

L'INDÉPENDANCE NATIONALE D'HAITI

PRÉFACE DU LIVRE D'EMMANUEL CHANCY (*)

La population actuelle de l'île d'Haïti n'est pas une race sortie du sol, c'est une branche de l'arbre européen greffée sur le tronc énorme de l'Afrique. En 1492, Christophe Colomb, poussé par le souffle d'une puissante inspiration, entreprit de démentir la science de l'ancien monde. Rebuté en Italie et en Portugal, le pilote génois s'adressa en dernier lieu à la reine Isabelle de Castille ; et le 3 Août, pourvu de provisions pour une année, il quittait Palos, en Andalousie, se dirigeait vers l'Ouest et découvrait, après des péripéties qui sont connues chez tous les peuples, une terre montagneuse, située à l'entrée du golfe du Mexique. Le 6 Décembre, il arrêta sa course audacieuse dans un port qu'il baptisa du nom de Saint-Nicolas. Pourtant il ignorait l'immensité de sa découverte. Dominé par le désir de faire fortune, il croyait avoir jeté l'ancre dans un port de l'Inde et concouru, pour la plus large part, à la renaissance de l'âge d'or. (**)

Cette terre prodigieuse n'était point isolée. Colomb, en passant par San Salvador, Santa Maria de la Conception, Ferdinanda,

(*) Ouvrage publié en 1884.

(**) La soif de l'or tourmentait le siècle où Christophe Colomb entreprit sa merveilleuse découverte. En cherchant une nouvelle route pour aller aux Indes, le jeune navigateur ne pouvait pas oublier les promesses qu'il avait faites à la cour d'Espagne. Il n'a pas eu pour lui-même cette avidité qui caractérise les adorateurs de la richesse. Il y avait en lui deux personnages, le pilote hardi et le représentant du Pouvoir suprême sur terre et sur eau. Dans l'île où il a été administrateur et chef, on l'a vu en butte à des intrigues, assumant des responsabilités auxquelles n'échappe pas toujours l'homme le plus honnête. Mais le génie est trop haut pour être diminué par les fautes de l'humaine nature.

Isabella et Cuba, avait trouvé des Indiens qui tous la désignaient sous le nom de Bohio et Haïti ou Quisquéia. Il avait donc existé entre ses habitants et ceux des îles voisines un commerce frugal qui suffisait à leurs besoins journaliers. Ce n'étaient point des Caraïbes, comme le prétendent quelques historiens. Dépouillés de cette férocité naturelle aux sauvages, ils vivaient dans une entente cordiale, groupés en cinq cacicats. Leurs chefs méprisaient les conquêtes de la guerre, ignoraient les hypocrisies de la diplomatie.

Le 12, en vertu de son diplôme d'amiral de l'Océan et vice-roi des terres à découvrir, le navigateur prit possession de l'île au nom de Ferdinand et d'Isabelle. Haïti fut remplacée par Hispaniola. Ici, la végétation est luxuriante, les fruits tombent des arbres et les rivières roulent l'or. Colomb retourne en Espagne pour rendre compte du succès de son premier voyage. Son retour souleva un profond enthousiasme. Devant la cour assemblée, il fit le merveilleux récit de sa découverte, et les objets curieux qu'il étala aux yeux de tous appuyèrent son discours. Isabelle et Ferdinand renouvelèrent son diplôme pour lui et sa postérité. Des hommes de tous métiers et de toutes professions, excepté les avocats qui étaient retenus par une décision du royaume, s'offrirent à l'accompagner dans sa nouvelle possession. La société espagnole comptait alors dans son sein une foule de sujets perdus par le dévergondage de leurs mœurs; elle s'en débarrassa et les jeta dans l'île.

L'amiral se rendit à Cadix et reprit la mer le 25 Septembre 1493, traînant à sa suite des gentilshommes et de vils aventuriers. Arrivé à la Natividad, il n'y retrouva aucun de ses anciens compagnons. Ils s'étaient livrés au pillage dans la chaîne du Cibao, le cacique Caonabo les avait refoulés et tués à Caracol.

Les volontaires se mirent aux travaux des mines qui ne pouvaient être exploitées sans gémissements. Ils se disaient entre eux qu'ils s'étaient embarqués sur l'inconnu. Ils avaient cru toucher une hémisphère où la loi providentielle du travail serait à jamais abolie. Au nom du christianisme, Colomb, accablé d'injures, favorisa sur la terre promise le servage de la race autochtone. Cette concession qui répugnait à ses sentiments religieux ne le mit pas à l'abri des intrigues. Il fut forcé de passer en Espagne le 11 juillet 1496 pour justifier sa conduite. Le 22 Août 1498, il revit Haïti, après avoir découvert la Trinité et le continent d'Amérique. Ce fut son dernier voyage comme amiral de l'océan. Disgracié et chargé de fers en Espagne, il mourut, la main sur le compas qu'il avait élargi autour du monde.

Bovadilla endossa dans l'île les responsabilités d'un vice-roi. Ça et là on bâtissait des villes, un luxe corrompu s'étalant partout éclairait l'infâme exploitation de l'homme par l'homme. Le sang de l'esclave servait à laver les préjugés et les superstitions du maître, toutes les horreurs du XVe siècle étaient sanctifiées, et la croix, ce signe de rédemption, bénissait la potence. Les naturels du pays que nous avons trouvés inoffensifs à l'origine, ont essayé parfois de régimber contre la tyrannie des blancs. Ils n'avaient point d'enceintes fortifiées. Pourchassés dans les bois, des hordes de chiens dressés par leurs impitoyables conquérants en décimèrent le nombre. Moyen atroce qu'un général français, Donatien Rochambeau, d'exécrable mémoire, devait employer, en 1792, contre les Africains implantés dans l'île à la suite de la rapide destruction des faibles Indiens. Dans les gorges et au sommet des montagnes, ces fugitifs habitants originaires de Bohio furent exterminés sans merci. Les infortunées Indiennes qui vivaient comme les bohémiennes de leur siècle ne furent pas épargnées. De nos jours encore les hommes simples des hauteurs croient voir en rêve, à la source d'une onde pure, une femme brune, à la longue chevelure, allaitant un enfant beau comme elle. Dans l'esprit de ceux qui ne lisent pas dans les livres, le passé raconte son histoire au présent par l'imagination.

Les Caraibes des petites îles que nous avons vus souvent, en 1492, inquiétant nos Indiens tombaient toujours sous la main des Espagnols. Ceux-ci ne demandaient pas mieux que d'utiliser leurs bras exercés à la rapine. Et tout porte à croire que c'est la pêche considérable que faisaient ces brigands qui plus tard les a confondus avec les naturels de Quisquéia. Tout commerce avec l'étranger leur était interdit, ils surent se soustraire au monopole par la contrebande. Les habitants de la partie occidendale surtout étaient souvent réprimandés. Leurs villes situées sur les côtes furent rasées. Les espagnols qui affectionnaient particulièrement les parages voisins de la pointe Isabélique se tenaient sur la côte Nord-Est.

Vers 1630, de nouveaux aventuriers, les Flibustiers ou Boucaniers, montés sur des boumbas, vinrent se fixer dans l'île adjacente de la Tortue. Ces écumeurs de mer qui, comme les Caraïbes, vivaient de rapines, portèrent leurs ravages sur tout le littoral. Attaqués par les Espagnols, ils résistèrent et s'établirent en conquérants dans la partie occidentale. Vers 1604, ils se mirent sous la protection de la France qui avait secondé leurs desseins. Dès cette époque la prospérité d'Hispaniola, que nous appellerons désormais Saint-Domingue, la plaça au sommet de l'échelle coloniale. Mais cette prospérité assise « sur l'immense bloc noir qu'on appelle l'esclavage » n'était qu'un deuil jeté sur la Civilisation.

Les choses en étaient là, quand la Révolution de 1789, qui devait renouveler le monde social, éclata. Au retentissement de la tribune française la colonie de Saint-Domingue mêla sa voix. Les grands planteurs qui, jusqu'à cette époque, ne pouvaient avoir aucune fonction dans la carrière administrative, réclamèrent timidement le droit de prendre part aux affaires de la colonie. Les petits blancs, c'est-à-dire ceux qui ne possédaient pas plus de vingt esclaves, demandèrent pour eux-mêmes l'égalité. C'était logique. Tant d'audace blessa le caractère hautain des grands planteurs dont les privilèges étaient multiples. Eux qui revendiquaient les droits issus d'un principe souverain, ils eurent le malheur d'en méconnaître les conséquences inévitables. Dès lors il y eut deux bannières suivies de deux groupes opposés.

Au début de la lutte se révéla tout-à-coup la force de pensée et d'action d'une classe méprisée, composée de mulâtres et de noirs libres, généralement désignés sous le nom d'hommes de couleur. Les mulâtres proviennent, comme on le sait, de l'accouplement des blancs avec les négresses esclaves. D'abord frappés du sceau de la réprobation comme leurs mères, ils furent plus tard adoptés comme fils de bâtards. Ceux d'entre eux qui eurent pour pères des philanthropes, furent envoyés en Europe et reçurent une éducation soignée sinon parfaite. Dans presque tous les centres, ils étaient les plus instruits. Les noirs libres, au contraire, tous élevés dans le pays, quand on daignait les laisser tranquilles, s'étaient rachetés à la sueur de leurs fronts. Tous ces fils d'esclaves, tous ces anciens esclaves, entrèrent bravement en lice.

Les grands planteurs, tous opulents, mais avides de pouvoir politique, et les petits blancs, gens intrigants et tourmentés de la soif des richesses, réformèrent pour écraser ces parias, le faisceau de leur solidarité rompu. Mais l'enthousiasme pour la liberté avait déjà gagné les hommes de couleur (mulâtres et noirs libres) : ils jurèrent de briser tout obstacle jusqu'à ce qu'ils fussent eux-mêmes brisés.

On ne supprime pas les destinées d'une couche sociale. Toute agglomération d'hommes, à un moment donné de son histoire, se réveille pour entrer de plain-pied dans sa vitalité. En 1790, les affranchis de l'Artibonite se réunirent sur l'habitation Plassac, et le 28 Mai, la première assemblée coloniale, siégeant à Saint-Marc, décréta les bases fondamentales de la Constitution de Saint-Domingue.

Une prostestation surgit autour de cet acte de véritable souveraineté qui mit le gouvernement colonial en opposition ouverte avec l'Assemblée. Lutte d'influence, active toujours, souvent sanglante, à laquelle assistèrent les affranchis qui gardèrent prudemment l'expectative, jusqu'au jour où leurs réclamations furent accueillies en France par la Société des amis des noirs. A cette société appartenait la plus grande figure parmi les insulaires d'alors, le courageux Vincent Ogé, quarteron libre de la paroisse du Dondon. Avant lui, en 1785, Julien Raymond, d'Aquin, avait demandé l'assimilation des affranchis aux blancs. Ogé, électrisé par le courant du mouvement hardi qui s'accomplissait dans la Constituante, crut que le moment était mûr; il résolut de faire adopter sa proposition par tous les moyens en son pouvoir. Tout plein de son projet, il quitta Paris où il se tenait, regagna St-Domingue, après bien des subterfuges, et grâce surtout à l'appui du célèbre philanthrope anglais Charkson, descendit au Cap pour y ranimer l'insurrection.

Déjà, il avait été voué à l'infortune. Il échoua dans son entreprise et se réfugia dans la partie espagnole.

Arrêté et jugé, il fut rompu vif, après avoir été, disait l'acte qui ordonnait son exécution, conduit au devant de la principale porte de l'Eglise paroissiale du Cap, nu-tête et en chemise, la corde au cou, à genoux, et ayant dans ses mains une torche de cire ardente.

Un autre affranchi dont la mémoire mérite aussi d'être conservée, Chavannes (Jean-Baptiste) quarteron libre de la Grande-Rivière du Nord, qui partageait la pensée d'Ogé et avait lutté à ses côtés, subit la même peine, appliquée avec les mêmes raffinements de cruauté. Quoique moins instruit que son compagnon d'infortune, Chavannes avait un meilleur pressentiment de l'avenir. Il voulait associer les esclaves à à l'insurrection.

Son conseil ne parut pas sage, et le doute d'un seul fit le malheur des deux.

Si le droit avait été réclamé pour tous et les revendications des affranchis bâties sur les sublimes considérants des décrets de la Constituante, si ces opprimés avaient eu la vraie notion du juste, le branle eût été sans doute spontané et le joug de l'avilissement renversé avec bien moins de sacrifices. Ogé qui a sonné le glas du passé avait le cœur excellent, mais ses vues étaient peu étendues ; il pensait démériter des habitants honnêtes en faisant jouir tous et chacun des déclarations des droits de l'homme et du citoyen.

Sa fin tragique augmenta chez les affranchis la haine des colons. Au Mirebalais, dans l'Artibonite, au Port-au-Prince, à Léogane, aux Cayes, les premiers devinrent menaçants. Les insurgés du sud-ouest choisirent pour chefs Beauvais, Pinchinat et Rigaud. Quand parvint dans la colonie le décret du 15 mai de l'Assemblée constituante, qui admettait dans les assemblées coloniales les sang-mêlés de toute couleur nés de père et mère libres, l'exaspération dépassa les bornes imaginables. Aux protestations des paroisses et aux vexations des petits blancs se joignirent les oppositions des grands planteurs et des agents du pouvoir.

Des serfs peu faits pour le combat levèrent la tête. Moins expérimentés que leurs devanciers, ils périrent presque obscurément. Dans le Nord, les esclaves étaient maîtres de l'action. Un noir influent des environs du Cap ouvrit la lutte à la tête de plusieurs ateliers. Boukmann s'associa Jean-François, Biassou et Jeannot. Bon nombre de révoltés marchaient à leur suite; ces hommes abrutis par la servitude n'envisageaient le triomphe qu'accompagné de dévastation : ils s'annoncèrent par l'incendie. De tous ces chefs de bande, Boukmann seul était doué d'une idée. Les autres n'avaient pas assez le sentiment de l'œuvre de régénération pour rayonner dans la postérité; ils ont massacré, mais n'ont pu laisser aucune trace de victoire. Le réveil fut brusque dans la ville du Cap prise de stupeur. Les hommes de couleur, étrangers au mouvement de Boukmann, subirent injustement les effets de la colère des blancs : des représailles furent exercées contre eux. L'embrasement ne tarda pas à être général. Les ressources du courage et de la science militaire s'épuisèrent contre l'ardeur féroce de ces esclaves subitement illuminés. Ils avaient appris sur le champ de bataille la tactique et les milles ruses de la guerre. Les planteurs désillusionnés tournèrent leurs regards vers l'Angleterre. Lord Effingham, gouverneur de la Jamaique, ne se montra pas intéressé au sort de

Saint-Domingue. La guerre continua implacable. C'était à qui, entre les adversaires, se surpasserait en cruauté. L'humanité eut à rougir d'avoir constaté que la balance du crime penchait du côté des colons.

Il y avait sur l'habitation Bréda un Africain que sa position dans la maison de son maître et ses faibles connaissances chirurgicales avaient distingué des autres. Il se nommait Toussaint. Nous le verrons bientôt figurer au premier plan dans nos fastes et s'appeler Toussaint Louverture. Le fracas du XVIIIe siècle était parvenu jusqu'à lui. Il avait assez lu les Saintes Ecritures pour comprendre que sa place était marquée dans le grand drame révolutionnaire. Tout en instruisant ses frères, il leur répétait les brûlantes paroles qui bouleversaient le continent européen. L'heure arriva où il poussa avec eux le fameux cri : vaincre ou mourir pour la liberté.

Sur ces entrefaites, les affranchis de l'Ouest, indignés des mauvais traitements dont étaient victimes les hommes de couleur du Cap, se réunirent à Diègue, dans la plaine du Cul-de-Sac, et forcèrent les blancs du Mirebalais et de la Croix-des-Bouquet à reconnaître, après la bataille de Pernier, les dispositions de la loi du 15 Mai. Un article spécial du concordat de Damiens, qui embrassait le Port-au Prince et tout le reste de la province de l'Ouest, réhabilitait la mémoire d'Ogé, de Chavannes et de leurs compagnons ; les arrêts prononcés contre eux en 1791 par le Conseil supérieur du Cap étaient déclarés « infâmes et dignes d'être voués à l'exécration contemporaine et future ». Les armes ayant été déposées de part et d'autre, les colons demandèrent la remise des esclaves qui avaient pactisé avec l'insurrection pour les reléguer hors de l'île. Ces esclaves venaient d'avoir conscience de leur valeur propre ; les maîtres une première fois vaincus redoutaient le venin qu'ils pourraient communiquer aux ateliers. Beauvais, Rigaud, Pétion et Daguin protestèrent contre une telle clause ; mais la majorité l'emporta. C'est une faute qu'aucune génération ne pardonnera aux affranchis. Cette faute est plus qu'une faiblesse, c'est une trahison. On sait que les trois cents suisses ont été noyés ou massacrés. Cet assassinat provoqua dans tout le pays une explosion de colère ; la lutte recommença plus chaude, le meurtre répondit au meurtre. Les oppresseurs furent conduits par la force même des choses à signer deux concordats, l'un avec le Port-au-Prince, l'autre avec St-Marc.

Mais le flot montant des esclaves grondait dans le Nord et les colons restaient sourds, aveuglés. En vain, Jean-François et Biassou proposèrent de faire rentrer les noirs dans les ateliers moyennant quatre cents libertés pour les chefs, l'oppression ne consentit pas à traiter avec eux.

En Septembre 1792, les commissaires civils Polvérel, Santhonax et Ailhaud débarquent au Cap. Ils sont accueillis comme des messagers de paix. Cependant, quel n'est pas leur étonnement quand ils voient sur nos places étroites des acteurs que la grandeur de l'action trop longtemps comprimée a rendus turbulents. Ils concèdent les droits demandés pour l'homme libre, mais ils n'entendent point que la chaîne de l'esclave soit brisée. Le torrent est plus fort qu'eux, ils en suivront la pente.

Quand Rochambean descendit dans l'île, il trouva le terrain mouvant, son pouvoir perdit l'équilibre. Et lorsque, plus tard, le commandement des troupes passa aux mains de Laveaux, ce délégué ne fut pas relativement plus heureux. Pour se soustraire au cercle de feu qui les enserrait, les colons s'adressèrent une nouvelle fois au gouvernement anglais. Le fardeau était pesant, il fallait s'en débarrasser. Cela ne servit qu'à accroître le nombre des adversaires de la liberté. L'imminence du danger enfanta de nouveaux héros. Les armes anglaises se montrèrent dans les Départements du Sud et de l'Artibonite. Le déchirement de la colonie fut violent. Il n'y avait plus de patrie à sauver : la France, par la voix des planteurs, renonçait à ses droits, ou plutôt les planteurs reniaient la métropole. Les esclaves n'entendaient point secouer un joug pour en accepter un autre. Les noirs mêlés aux Espagnols poursuivaient la dévastation dans le Nord.

Pour combattre fructueusement les Anglais, Sonthonax avait proclamé, dès le 20 Août 1793, la liberté générale des esclaves de Saint-Domingue et déclaré l'esclavage à jamais aboli. Cet acte mémorable fut solennellement ratifié, sur la motion de Danton, par la Convention nationale dans la séance du 4 février 1794.

Toussaint-Louverture, qui, à travers les événements, s'observait, sentit que son rôle ne devait pas rester secondaire ; il abandonna le drapeau de l'Espagne et passa au service de la République. Sous cette bannière, il combattit activement les Anglais, comme André Rigaud dans le Sud. Admirateur du courage, Laveaux entoura de considération cet esclave d'hier. Il le nomma successivement général de brigade, général de division et lui donna toutes sortes d'encouragements. Ses prévisions furent surpassées. Toussaint, le premier, rêva l'indépendance de l'île.

Quand l'Espagne, par le traité de Bâle, eut cédé à la France la partie de l'Est, les pouvoirs de Toussaint, devenu général en chef, furent plus étendus. Il avait à déblayer le terrain pour asseoir son commandement. La défaite des Anglais accomplie, il restait à Saint-Domingue deux hommes d'une influence égale: Toussaint et Rigaud. Malheureusement pour la belle colonie de Saint-Domingue, Hédouville, venu de France, jeta entre les deux généraux le brandon de la discorde. A la guerre étrangère succéda la guerre civile. Les rejetons d'une même souche furent divisés. Nous le déplorons. La probité de Rigaud ne le cédait en rien à celle de Toussaint, ils étaient aussi courageux l'un que l'autre. Il ne manquait à celui-là que le tact politique et le génie de l'administrateur. Or, ces deux qualités existaient au suprême degré chez son antagoniste.

Toussaint, en effet, n'était pas un sabreur inconscient; au milieu des désordres de la guerre il administrait. Les hommes qui, au fort de l'action, mêlent de sages combinaisons aux conceptions rapides et imprévues, savent seuls prévenir la faillite des intérêts généraux, s'imposer à la foule et gouverner. La France n'était pas insensible aux convulsions qui agitaient sa colonie. Jacmel, où Beauvais avait tenté de maintenir une neutralité armée et dont le siège avait été entrepris par les forces de Toussaint, venait de rentrer dans l'ordre, après avoir donné la mesure de sa vive résistance, quand Bonaparte confirma l'autorité de Toussaint. Flatté de son prestige dans la colonie, le général noir se multipliait pour justifier la confiance du premier Consul. L'Europe était pleine du nom de Bonaparte qui faisait courber toutes les têtes au bruit de ses exploits. L'ancien cocher de l'habitation Bréda ne connaissait pas assez les annales des peuples; aussi crut-il à la mission providentielle de ce corse remuant. Lui ressembler en tout était son plus beau rêve. D'ailleurs, dans le milieu social où il vivait tout était imitation. Les coups d'ailes de l'aigle africain étaient vastes, mais l'espace était trop étroit autour de lui. L'arrêté du 7 floréal, rendu par Roume, vint élargir l'horizon devant ses ambitions. Il ouvrit une campagne contre la partie espagnole. Malgré l'insuccès de l'expédition conduite par le général Agé, il tenait à planter le drapeau de la République sur les murs de Santo-Domingo.

Dans l'intervalle il somma Rigaud de quitter la terre natale. Ce rival «impliable» était pour lui un puissant obstacle; les hardiesses de son infatigable compagnon d'armes ne s'étaient point effacées de sa mémoire. Rigaud avait déjà établi sa réputation dans le Sud ; là, il était aimé et respecté. Il n'avait qu'à le vouloir, et l'armée expéditionnaire était engagée entre deux feux. A la nouvelle que dix mille hommes marchaient sur Santo-Domingo, l'Espagne remit à la France la partie orientale. C'est donc à un Africain que revient l'honneur de cette reconnaissance, au profit de la France, des droits établis par le Traité de Bâle.

Toussaint était dissimulateur comme presque tous les grands hommes politiques. On le range parmi les diplomates du siècle. Son entrée à Santo-Domingo fut triomphale (26 Janvier 1801). Il répondait à toutes les généreuses aspirations du moment. C'était un dieu. Si la vie politique de ce grand homme s'était arrêtée à ce pas glorieux, il serait une brillante figure dans les pages de l'histoire contemporaine, mais son rôle, énigme indéchiffrable, jetterait le doute dans l'esprit du lecteur.

Satisfaite de son administration intelligente, de ses vues progressives, l'Assemblée centrale le proclama gouverneur général de l'île par la Constitution de 1801. Cette Constitution est une déclaration de principes. C'est là que nous trouvons préparé l'affranchissement de Saint-Domingue. Toussaint n'allait plus à tâtons, ses plans économiques étaient très praticables et la colonie nourricière assez riche pour se suffire à elle-même. Le masque était levé; par sa Constitution le gouverneur général s'était soustrait au contrôle de la France. Il enlevait tout d'un coup à la métropole une partie considérable de ses revenus et affaiblissait son commerce dans les Antilles : il devait être traité en réfractaire. Napoléon prit la résolution de soumettre le général en chef qui venait de se décorer d'un titre pompeux, celui de gouverneur à vie.

Ce Corse, qui déjà convoitait le sceptre impérial, contenait le monde civilisé; sa vieille garde était encore docile à sa voix, prête à faire le tour du globe. Il la lança à une conquête en apparence facile, et le 5 Janvier 1802, la baie du Cap Samana supportait vingt-trois mille hommes exercés dans l'art de la guerre. Les hostilités ne tardèrent pas à s'ouvrir.

Leclerc enjoignit au général Henri Christophe d'abandonner la place du Cap Français. Ce militaire, fidèle à l'honneur, lui répondit fièrement qu'il ne reconnaissait qu'une seule autorité, l'autorité du général Toussaint. Il s'enorgueillissait de voir un soldat de sa race à la tête du pouvoir dans les mêmes lieux témoins de leur servitude. Il n'entendait laisser aux troupes françaises qu'un monceau de cendres, «de ces cendres qui brûlent les pieds». Suivant les instructions du gouverneur, il mit le feu à son propre palais et se retira dans les plaines environnantes où il organisa la défense. A la voix de Toussaint tout-puissant le pays se souleva. Partout où les troupes françaises osèrent débarquer, elles rencontrèrent un tourbillon de flammes. Le combat de la Crête-à-Pierrot qui est enregistré parmi les faits de guerre d'un souvenir impérissable, vint rehausser l'éclat du nom des Dessalines, des Magny, des Lamartinière, disparus trop tôt, et de centaines de braves que l'histoire n'a pas oubliés.

L'artillerie ne pouvant plus dompter ces intrépides esclaves, il fallut recourir à la ruse et à la persuasion. Le 28 pluviôse an X (17 Février 1802), Leclerc lança une proclamation où il invitait tous les habitants de Saint-Domingue, sans distinction d'origine, à se rallier au gouvernement français. Dans cette proclamation, il leur promettait la liberté et mettait hors la loi les généraux Toussaint et Christophe. Ce coup de théâtre gagna plusieurs officiers de l'armée de Toussaint. Christophe, le premier, qui ne combattait que pour la liberté, l'abandonna. Toussaint en conçut la plus grande peine. Il avait encore d'autres et de plus hautes visées: l'affranchissement de Saint-Domingue était ce qu'il voulait. Il ne fut pas compris, le vide se fit autour de lui; il signa un traité de paix avec Leclerc à la suite de plusieurs entrevues sollicitées par le capitaine général. Dessalines lui manifesta hautement son mécontentement et tâcha de le dissuader de se soumettre. Par malheur Toussaint fut inflexible. D'où vient ce refroidissement subit envers l'ancien gouverneur général? C'est qu'il s'était aliéné les cœurs par ses procédés arbitraires. Il tenait à faire rendre à l'agriculture la quantité de denrées qu'elle produisait et deversait en 1789 sur les marchés de l'Europe. Et pour y parvenir il eut recours à la maréchaussée, arme lui-même du fouet et du pistolet contre les malheureux cultivateurs. C'est ce qui l'a perdu dans l'estime publique. (*)

(*) Cette préface a été écrite en 1883 par un jeune homme plein de sensibilité. Toussaint a eu le rôle difficile de faire passer ses

Bien que Toussaint eût conçu un projet grandiose, il ne lui fut pas donné de fonder une patrie, (*) car pris de vertige au faîte de la puissance, il commençait à mépriser les hommes. Il expia plus tard sa crédulité.

Trompé par les déguisements d'une politique astucieuse, il se rendit à une entrevue avec Brunet sur l'habitation Georges. Là, il fut traîtreusement arrêté; déporté en France où il fut livré à toutes les privations, il mourut dans les cachots du fort de Joux.

Principal acteur d'un drame intéressant, Toussaint Louverture en a conduit les intrigues; mais au dénouement son rôle a cessé. Le Créateur a permis la révolution de Saint-Domingue, cet homme extraordinaire l'a dirigée. Le héros est encore superbe sur la scène, pourtant il y a tantôt un siècle que le rideau est tombé sur lui.

Les événements ne tardèrent pas à dévoiler les coupables menées de Leclerc; les noirs et les mulâtres furent désarmés et la plupart des généraux dont la fidélité à l'ex-gouverneur n'était point douteux passés par les armes. Dessalines à qui la prudence n'a jamais fait défaut au milieu de tant de perfidies n'avait point perdu ses titres dans l'esprit des populations; il ne tarda pas à se jeter dans les bois avec Pétion, Christophe, Clervaux et d'autres généraux menacés par les périls de la situation.

La cause est une, elle embrasse le salut commun. Au milieu

---

fières de la servitude au pouvoir. Il lui a manqué, pour être au-dessus de toute contestation, la chance des théoriciens qui meurent sans avoir eu le commandement. Il est incontestable que les sévérités exercées par lui, bien qu'elles fussent douces à côté des cruautés mises en usage par les possesseurs d'esclaves, ont déplu à ses congénères qui auraient voulu lui trouver une main plus douce. Pour apprécier l'œuvre de Toussaint-Louverture, on doit moins s'arrêter à ses impatiences, à ses colères, qu'à l'impulsion qu'il a donnée à sa race. Dans le temps même où il usait de violence envers ceux qui voulaient faire descendre son rôle d'émancipateur à une insultante camaraderie, il rappelait à la pudeur la haute aristocratie de la colonie. Ce chirurgien a tenu le fer rouge, mais il a cautérisé l'immense plaie de l'esclavage.

(*) Nous comprenons ici la patrie dans le sens d'une société politique indépendante, se dirigeant par ses propres lois. L'œuvre était claire dans l'esprit de Toussaint, et les haïtiens, préparés par lui, devaient la réaliser eux-mêmes, telle qu'il la concevait. C'est avec raison qu'on le met à la droite de tous nos chefs d'État. Sa grande figure est un symbole. En Afrique, en Amérique, partout où l'homme noir s'élève en dignité et fait acte d'émancipateur, il se nomme Toussaint-Louverture.

d'un épouvantable désordre les esclaves proclament le droit naturel et les crimes de toutes sortes vengent la justice outragée. Tandis que les troupes françaises bien organisées noient les prisonniers indigènes, brûlent et pulvérisent leurs cadavres, les bandes du terrible Dessalines égorgent les phalanges d'Egypte. L'arène n'est pas de sable. C'est dans le sang que la lutte s'affirme. Frappant partout sur son passage, le général en chef de l'armée indigène ne s'arrête que sur les remparts de Port-au-Prince qui, après un mois de résistance, demande à capituler. Parallèlement à la guerre, l'épidémie qui avait emporté Leclerc achève sa barbare mais sainte entreprise.

Rochambeau, le cruel successeur du capitaine général, ne peut tenir au Cap malgré toutes les fortifications de cette place. Il se découvre devant l'héroisme surhumain de Capois-la-Mort, et, grâce à une convention militaire, les débris de la vieille garde s'effacent, laissant l'orgueil de l'expédition enseveli dans cet immense tombeau qu'on appelle Saint-Domingue.

La République d'Haïti, on le voit, a trois fois changé de nom depuis son baptême dans l'histoire.

Du jour où la naïve Quisquéia avait fait place à Hispaniola, ses caciques, éléments survivants des temps primitifs, disparaissaient avec leur puissance évanouie devant l'invasion espagnole. L'ordre nouveau encore en germe dans les esprits, n'était pas même entrevu par les colonisateurs comme un idéal lointain. La religion qui précède la science dans les conceptions de l'esprit humain, fut abaissée au point de préluder aux jeux du cirque sanglant établi sur la terre nouvelle. On ne rachetait pas les âmes pour grossir le troupeau de Dieu, on tuait l'instinct sans développer la raison. Les pauvres Indiens, les vrais déshérités de ce monde, furent mis hors la loi. Le Dieu des chrétiens leur parut méchant, ils se firent hérétiques. Voilà ce qui les a rendus plus coupables aux yeux de l'Espagne catholique. (*) Sur cette terre d'Hispa-

(*) Le fanatisme des possesseurs d'indiens n'était qu'un calcul d'intérêt. Ces hommes cupides, ces repris de justice à peine libérés, ne pouvaient pas imposer la doctrine chrétienne dont ils n'avaient pas eux-mêmes une saine conception. Leurs héritiers et leurs amis ont été les plus fougueux adversaires des principes affirmés par le souverain Pontife Jules III qui dans son bref du 9 juin 1537 avait reconnu aux indiens la qualité d'hommes.

Les naturels du pays étaient trop bons pour entreprendre la

niola où le souffle du fanatisme a passé, l'homme né libre fut dégradé dans sa nature morale, et les traitements les plus ignominieux étouffèrent sa vie dans l'abjection. Le sociologiste qui cherche à se retrouver dans la nuit des temps recule, effrayé, en présence des crimes innombrables commis dans une île à peine découverte sur des créatures inoffensives et généreuses. L'extermination de la race autochtone est une couche d'ombre passée sur le siècle de la renaissance.

L'humanité fut encore outragée lorsque vers 1511 on entreprit la traite sur les côtes d'Afrique. C'est de ce côté-là que tous nous venons. Nos ancêtres ont été arrachés au simoun pour être asservis à Saint-Domingue par des hommes, leurs égaux.

Mais ils étaient trop robustes pour périr. Ils inoculèrent leur sang vierge à l'artère européenne qui s'appauvrissait, et de ce contact naquit une race mixte, aux nuances diverses. Malheureusement l'homme blanc, grand par l'intelligence, abrutit l'homme noir. L'âge de servitude fut long. Le choc devait nécessairement avoir lieu entre les deux électricités contraires, c'est ainsi qu'il y a eu des foudroyés.

Pour faire irruption dans la liberté, nos pères ont dépensé une somme d'efforts proportionnelle à l'énergie de l'époque. Des meurtres, il est vrai, ont souillé le territoire qu'ils devaient léguer à leurs descendants. Ces lions s'étaient trouvés en face de tigres plus féroces qu'eux. Leurs pattes n'étaient pas de velours, l'édifice colonial craqua, et croula sous le poids de leurs membres de fer. C'est sur cette ruine qu'ils ont reconstitué Haïti.

Depuis, le progrès s'est accentué. Quand le 1er janvier 1804, sous le palmier sacré, doré par le soleil, les généraux de l'armée indigène juraient sur les mânes de leurs ancêtres et sur leurs épées de vivre libres et indépendants, leurs vues dépassaient la pointe Isabélique pour s'étendre jusqu'au Cap Engano.

Haïti doit se faire ses destinées. La Révolution française qui se poursuit est le réveil de la conscience universelle. Affirmons-

---

guerre contre une religion de paix et d'amour. En se faisant iconoclastes, ils croyaient briser le signe de la puissance ennemie. Peut-on, en toute justice, leur faire un crime d'avoir refusé de marcher derrière l'étendard des destructeurs de leur race. Nul ne peut aimer ce qu'il croit la cause de ses souffrances. Un jour l'usine et la grande case seront des lieux de supplice pour le nègre, et le nègre révolté les brûlera.

nous. Les héros de 1804 ont proclamé l'Indépendance et la Liberté, continuons cette œuvre d'élaboration ; elle ne sera pas au-dessus de nos forces si nous avons la foi vive.

Il se produit aujourd'hui comme une réaction contre l'ère du droit inaugurée par nos pères. Notre ami Emmanuel Chancy qui s'est fait une place distinguée dans la presse périodique, cette tribune de l'opinion, prend la plume de l'historien pour nous faire rappeler qu'un peuple doit rester autonome. Sera-t-il dit qu'au lendemain de l'acte décisif qui a rendu Haïti à elle-même nous ayons négligé l'exercice de nos droits imprescriptibles? M. Chancy prévoit et conjure cette honte. On trouvera annexées à son volume toutes les pièces relatives à notre émancipation politique. Nous sommes une démocratie éclairée par ce flambeau à trois branches : liberté, égalité, fraternité. Tous, donnons-nous la main dans ce livre où la passion n'entre pas. La terre qui nous porte a été conquise au nom de la religion et du travail. Toussaint-Louverture a voulu la famille, Jean-Jacques Dessalines la propriété, Alexandre Pétion a fondé la République, ce gouvernement du peuple par le peuple. Nous, génération née de l'avènement des masses, créons la famille par la religion, la propriété par le travail, la liberté par la République.

Que la souveraineté et l'indépendance d'Haïti soient respectées.

JÉRÉMIE

LES LIVRES

« L'Indépendance Nationale d'Haïti » par M. Emmanuel Chancy (chez Marpon et Flammarion, 26 rue Racine).

L'histoire d'Haïti est des plus intéressantes. Depuis 1492, c'est-à-dire depuis que cette île a été découverte par Christophe Colomb, trois races s'y sont entrechoquées, trois civilisations s'y sont développées.

Il appartenait à un Haïtien véritablement instruit et patriote de raconter les événements à la suite desquels *l'Hispaniola*, de Colomb, après avoir été *Saint-Domingue* redevint indépendante en reprenant le nom d'Haïti. C'est ce que M. E. Chancy a fait avec un rare bonheur d'expression, un talent d'écrivain remarquable surtout pour un homme qui a fait toutes ses études en Haïti. Son style est sobre, rapide, précis et clair. Les nombreux documents économiques, diplomatiques et financiers qu'il a réunis pour rendre son œuvre plus utile et plus complète prouvent son grand souci de la vérité et de l'impartialité historiques.

Une préface écrite par M. Jérémie — autre jeune écrivain noir qui n'a jamais quitté Haïti — admirable de concision et de vigueur, donne un aperçu général de l'histoire d'Haïti de 1492 à 1802.

Cette préface est un important document ethnographique. Elle suffirait à démontrer l'absurdité du préjugé qui avait cours autrefois et en vertu duquel on supposait que les noirs n'étaient capables d'aucun travail intellectuel sérieux.

Détail qui a sa valeur : MM. Chancy et Jérémie sont des démocrates convaincus, dans lesquels on reconnait des dignes fils de la Révolution française.

(Extrait de « l'Intransigeant » du 23 Novembre 1884).

L'ASSOCIATION DU CENTENAIRE
DE
L'INDÉPENDANCE NATIONALE

I

ORGANISATION

I

Secrétaire d'Etat,

Poussés par un sentiment que vous estimerez patriotique et qui d'ailleurs a remué tous les cœurs nobles et généreux, nous venons, après avoir jeté les bases d'une association littéraire, scientifique et artistique, réclamer votre haute sollicitude pour le fonctionnement immédiat d'une *Ecole du Soir* que nous avons instituée à Port-au-Prince.

Nous avons la certitude que la situation morale du peuple est une de vos plus chères et constantes préoccupations. Si on éprouve une douce satisfaction à soulager la misère individuelle, soit au point de vue moral, soit au point de vue matériel, cette satisfaction grandit encore et atteint des proportions infinies quand il s'agit d'améliorer le sort du peuple.

L'ordre matériel ne saurait exister sans l'ordre moral, l'ordre moral ne viendra définitivement pour la nation que par l'organisation de l'éducation populaire. Nous comptons, Secrétaire d'Etat, avec votre bienveillant appui, établir d'abord un cours d'enseignement secondaire pour les jeunes gens que la gêne de famille contraint fort souvent de laisser les classes, et cela, malgré de rares aptitudes pour l'étude; ensuite un cours d'enseignement primaire, comportant des leçons de lecture, d'écriture, des éléments de droit et de morale pour les ouvriers. Enfin, une section sera exclusivement affectée aux enfants qui sont au service des familles et dont l'éducation est presque nulle.

Nous nous hâtons de vous le dire, Secrétaire d'Etat, à peine l'idée d'une Ecole du soir a-t-elle vu le jour, qu'une foule de jeunes gens assoiffés de leur avancement moral et intellectuel se sont pressés autour de nous pour nous exhorter à faire fonctionnner sans délai l'œuvre qui les intéresse. Mais malheureusement, jusqu'ici, nous sommes privés d'un local propre à cette destination. Vous auriez, Secrétaire d'Etat, marqué d'un cachet indélébile de patriotisme et de gloire votre passage aux affaires si votre sollicitude, cédant aux besoins et aux vœux de tous, ouvrait un asile à l'intelligence délaissée, un théâtre au dévouement et à l'énergie de l'initiative privée.

C'est dans ces sentiments, Secrétaire d'Etat, que nous vous prions d'agréer nos respectueuses salutations.

JÉRÉMIE PIERRE LAFOREST

Port-au-Prince, le 10 novembre 1891.

Au Secrétaire d'Etat de l'Instruction publique.

II

LIBERTÉ ÉGALITÉ FRATERNITÉ

RÉPUBLIQUE D'HAITI

Section de la Cce gale.— N° 441

Port-au-Prince, le 13 Novembre 1891, an 88e de l'Indépendance.

Le Secrétaire d'Etat au Département de l'Intérieur, par intérim

Au Président provisoire du Cercle « Centenaire de l'Indépendance Nationale »

Mon cher concitoyen,

J'ai la satisfaction de vous accuser réception de la lettre que vous m'avez adressée le 5 de ce mois, pour porter à ma connaissance qu'un Comité s'est réuni en vue de fonder une Association pour la Célébration du Centenaire de l'Indépendance nationale.

J'apprécie l'heureuse et patriotique idée de la fondation de ce Cercle et surtout celle d'une Ecole du soir à instituer pour l'intelligence de l'œuvre. — Néanmoins, pour que l'autorisation que vous avez sollicitée de vous constituer vous soit définitivement accordée, il convient de donner communication de vos statuts au Département de l'Intérieur.

Agréez, mon cher concitoyen, l'assurance de ma considération distinguée.

C. Archin

III

Liberté Egalité Fraternité

RÉPUBLIQUE D'HAITI

Section de la Cce générale.— N° 282

Port-au-Prince, le 7 Décembre 1891, an 88e de l'Indépendance.

Le Secrétaire d'Etat au Département de l'Instruction Publique

A Messieurs Jérémie, Pierre Laforest, Directeurs du Comité provisoire du Cercle Centenaire

En Ville.

Messieurs,

J'ai reçu vos lettres des 24 et 26 novembre dernier, par lesquelles vous développez le but réel que se proposent les membres du cercle en fondant en ville une école du soir. L'autorisation que vous m'avez demandée pour l'établissement de cette école vous est accordée. Veuillez vous conformer strictement à la discipline que tracent les règlements et lois sur l'Instruction publique.

Je vous saurai gré de me communiquer les statuts de l'Association lorsqu'ils seront votés.

J'exprime en terminant le vœu que cette Association ait des jours heureux et prospères et qu'Elle réponde surtout aux légitimes espérances que l'on est en droit de fonder sur des citoyens d'élite tels que vous.

Agréez, chers concitoyens, les assurances de mes sentiments distingués et de ma haute considération.

Apollon

IV

Statuts de l'Association littéraire, scientifique et artistique créée pour la célébration du Centenaire de l'Indépendance.

CHAPITRE I

Dispositions Générales

Art. 1er.— Une association littéraire, scientifique et artistique est instituée à Port-au-Prince dans le but de préparer la célébration du Centenaire de l'Indépendance nationale.

Art. 2.— L'Association comprend trois divisions: Lettres, Sciences et Arts. Chaque division est partagée en sections.

Art. 3.— Toute discussion politique est interdite.

Art. 4.— L'Association, par le but qu'elle se propose, prendra solennellement fin le 2 janvier 1904.

CHAPITRE II

Des Membres de l'Association

Art. 5.— L'Association se compose de membres actifs et de membres honoraires.

Art. 6.— Les membres actifs sont nommés par le comité fondateur.

Art. 7.— Les membres honoraires sont nommés par l'Assemblée générale.

Art. 8.— L'Association aura dans toute la République des membres actifs qui seront au même titre que les membres actifs de Port-au-Prince. Ils se réuniront sous la présidence des délégués nommés par le Conseil d'administration.

Art. 9.— Les membres actifs de l'Association porteront comme insigne à la boutonnière un cercle vert que partage deux sécantes parallèles bleue et rouge.

CHAPITRE III

Des Conditions d'Admission

Art. 10.— Pour être membre de l'Association il faut être haïtien.

Art. 11.— Nul individu ne sera apte à faire partie de la Société s'il a renoncé à sa qualité d'haïtien, alors même que, cessant d'être renégat, il reviendrait à cette nationalité.

CHAPITRE IV

De l'Expulsion

Art. 12.— Tout sociétaire dont la conduite, soit par ses paroles, soit par ses écrits, serait jugée de nature à compromettre l'existence de l'œuvre ou l'autonomie nationale, sera rayé du tableau de l'Association. Il ne sera réhabilité sous quelque prétexte que se soit.

CHAPITRE V

Du Conseil d'Administration

Art. 13.— Le conseil d'Administration sera composé de 17 membres choisis parmi les membres actifs.

Art. 14.— Pour la formation de ce conseil les membres du Comité provisoire seront appelés en Assemblée Générale à élire : 1° un président, 2° un vice-président, 3° un trésorier, 4° un secrétaire général, 5° un secrétaire adjoint, 6° un archiviste, 7° onze autres conseillers qui assistent le bureau.

CHAPITRE VI

Du Président

Art. 15.— Le Président dirige les débats de l'Assemblée, exerce une haute surveillance sur les travaux de toutes les sections et fait tout ce que lui commande son patriotisme pour conduire l'œuvre à bonne fin.

CHAPITRE VII

Du Vice-Président

Art. 16.— Le vice-président assiste le Président et le remplace en cas d'absence ou d'empêchement.

CHAPITRE VIII

Du Trésorier

Art. 17.— Aucune sortie de fonds ne sera faite par le membre chargé de la Trésorerie sans une décision du Conseil d'Administration.

Toutefois, en cas d'urgence et de célérité, le Président, ou à son défaut le vice-président, peut prendre l'initiative de telle dépense qu'il juge nécessaire et indispensable. Dans ce cas, il aura pour devoir de rendre compte à la plus prochaine séance, au Conseil d'Administration, de ce qu'il aura fait.

Art. 18.— Le Trésorier fera tous les mois un rapport détaillé au conseil sur l'état de la caisse.

CHAPITRE IX

Des Secrétaires

§ I.— Du Secrétaire Général

Art. 19.— Le Secrétaire-général est chargé de la correspondance. Il reçoit les lettres qu'il remet au Président et s'entend avec lui pour les réponses à faire.

Art. 20.— Un rapport annuel imprimé sera fait sur les travaux de la Société.

§ II.— Du Secrétaire-Adjoint

Art. 21.— Le Secrétaire-adjoint est tenu de faire le procès-verbal de chaque séance; ce procès-verbal sera lu à la séance suivante pour avoir la sanction nécessaire.

Il prend également note des décisions du Conseil d'Administration.

§ III.— Du Secrétaire-Archiviste

Art. 22.— Le Secrétaire-Archiviste a pour devoir de tenir en règle toutes les pièces de l'Association.

CHAPITRE X

Art. 23.— Sur la demande du Conseil ou des 2/3 de l'Assemblée les statuts seront révisés.

CHAPITRE SPÉCIAL

Le titre de Grand-Protecteur de l'Association est décerné au Président d'Haïti.

V

Port-au-Prince, le 14 Janvier 1892

LE PRÉSIDENT D'HAITI

A Monsieur JÉRÉMIE, *président du Comité fondateur de l'Association du Centenaire de l'Indépendance*

Monsieur,

J'ai reçu l'aimable invitation que vous m'avez envoyée à l'occasion de l'inauguration solennelle de l'Association du Centenaire de l'Indépendance. Je vous en remercie.

Je ne puis voir qu'avec plaisir se créer une société dont le titre seul est déjà une recommandation.

Aussi je me rendrai certainement à cette réunion toute de paix et de progrès, si mes occupations n'y mettent pas empêchement.

Recevez, Monsieur, l'assurance de ma parfaite considération.

HYPPOLITE

II

ACTION

I

INAUGURATION DE L'ASSOCIATION

ET DE

L'ECOLE DU SOIR

Discours prononcé à Port-au-Prince, au palais de la Chambre des Députés, le 17 janvier 1892.

Mesdames,

Messieurs,

La réunion de ce soir est un des plus beaux fruits qu'ait portés l'arbre de la liberté depuis que, le 1er janvier 1804, il a été planté dans l'île d'Haïti. C'est pour glorifier la mémoire des héros de notre indépendance que quelques jeunes gens ont fondé l'Association du Centenaire. Mais si un mot traduit une idée, il n'en est pas la réalisation. Après avoir pensé, il faut agir. Si nos pères s'étaient arrêtés à l'éloquente protestation de Julien Raymond, Ogé et Chavanne n'auraient pas sommé l'assemblée provinciale du Cap, Boukmann n'aurait pas soulevé les esclaves du nord, et la dignité humaine, cruellement outragée, n'aurait pas mis fin à une longue vexation de trois siècles. Ce sont les œuvres accomplies qui perpétuent l'idée à travers les générations. Pour qu'une idée ne meure point, il ne suffit pas qu'elle ait germé dans la tête d'un homme, il faut qu'elle se soit manifestée au dehors par la parole ou par le geste, et que, tombée sur le sol, elle ait pris corps et racine pour devenir un fait. Voilà comment elle vit. La force des choses peut en arrêter le développement d'un côté, mais, par l'autre, elle persiste. Cette lutte de l'idée qui cherche son existence est un travail de transformation. Haïti, assise au milieu de l'Océan, est une image de cette persistance. Dans quelques siècles d'ici, sa merveilleuse histoire portera les esprits vers les temps fabuleux. Elle a effacé toutes les traditions, elle ne continue aucune civilisation, elle se doit à elle-même. Nos pères ont fait le geste, geste énergique qui a brisé le passé. Nous sommes l'idée qu'ils ont pétrie de leur souffle et qu'ils ont jetée féconde dans cette terre remuée en tous sens sous leurs pieds de géants. Repoussés de l'humanité pour avoir senti et voulu, nous luttons depuis quatre-vingts ans pour vivre. Le droit des gens s'est modifié par rapport à nous, on nous refuse la justice qui découle du droit général. Les grandes puissances se sont posé cette question qu'elles ont puisée dans une philosophie brutale : les petits peuples ont-ils leur raison d'être? Elles ont conclu que celui qui, à l'heure du péril suprême, ne doit pas la sauvegarde de ses intérêts à ses propres forces, n'a pas droit à l'indépendance, c'est-à-dire à l'existence; car il n'y a pas d'existence sans indépendance. En face d'une doctrine si fataliste, il nous reste une espérance, espérance chère qui nous vaudra la gloire. Nous, les faibles, nous contiendrons dans leurs casernes les armées des forts; nous leur dirons que la raison n'entre pas dans la giberne d'un soldat, mais qu'elle se trouve dans la conscience d'un peuple, quelque faible qu'il soit. — Pour suppléer à l'insuffisance du nombre, le génie de la guerre a inventé les défenses artificielles. De là ces forteresses d'où cent hommes peuvent en défier dix mille. A l'époque de la Révolution française, à cette époque où toute l'Europe s'était coalisée contre un seul peuple, un orateur disait que la France se réfugierait dans la citadelle de la raison pour exterminer ses ennemis. La France a repoussé l'invasion, moins par la force que par la volonté d'être libre. C'est encore cette volonté qui a soutenu nos pères et qui les a immortalisés; mais nous, nous ne serons dignes d'eux que par l'égalité. Maintenant que la face du monde est renouvelée, nous ne l'étonnerons plus par des prodiges de valeur: les temps héroïques ne repassent pas toujours par le même chemin. Nous ne commanderons l'attention que par la sagesse de nos mœurs. Depuis l'époque de notre héroïque affranchissement, nous sommes en guerre contre nous-mêmes. On cherchera vainement dans notre politique extérieure la cause de toutes ces batailles sanglantes que nous nous livrons périodiquement et qui nous épuisent. Cette cause est purement sociale. Du moment où l'homme des premiers âges n'avait plus de bêtes fauves à combattre, il a entrepris la guerre contre sa propre espèce. La société est une copie de l'homme. Nous n'avons plus de liberté politique à conquérir, plus de possesseurs d'esclaves à chasser; il nous reste à fonder l'égalité. C'est pour cette conquête que nous luttons depuis tant d'années. Nous sommes arrivés sur la scène politique juste au moment où les esprits les plus clairvoyants suivaient le courant démocratique. Peut-être, dans un autre temps, notre existence comme peuple eût-elle été moins agitée, mais ce calme à la surface ne serait qu'une léthargie. Sur cette terre souillée par la servitude, la formation des caractères virils ne serait pas possible. La démocratie ne permet pas aux nations qu'elle gouverne de s'endormir sur la route; elle les laissera sans repos tant qu'elles n'auront pas obéi à la loi du progrès rapide. Les peuples, ainsi entraînés, traceront dans l'histoire un sillon lumineux ou se briseront, encore obscurs, au début de la carrière.

Quelle sera notre destinée? — Elle sera ce que nous l'auront faite. Puisque nous voulons la démocratie, acceptons-la avec ses exigences.

La démocratie est le gouvernement de la collectivité, c'est le peuple faisant ses propres affaires. Dans une démocratie vraie, c'est-à-dire éclairée, on croit plutôt aux idées qu'aux hommes. Il faut donc que le plus grand nombre d'hommes possible puisse s'élever à la hauteur des besoins de la collectivité et leur donner satisfaction dans la mesure la plus large. Là où cette élévation intellectuelle et morale de la collectivité n'existe pas, un petit nombre d'hommes éclairés gouvernent et font la loi aux autres. La foule cependant, qui a l'instinct de ses droits et qui chaque jour entend promulguer des lois où l'on parle d'égalité, regarde autour de soi, constate que cette égalité n'existe pas et que les moyens d'y parvenir sont loin d'être bien proportionnés. Elle considère alors comme des jouisseurs ceux qui ont pu sortir d'une condition médiocre. N'ayant pas assez de discernement pour démêler ceux qui se doivent à leurs constants efforts des privilégiés que le simple caprice a pu porter à la surface, elle les voue tous à la même exécration. L'égalité devant la loi ne suffit pas à cette foule qui donne tout et qui reste en bas. Il lui faut l'égalité des conditions, ou du moins elle la demande; on ne la donne pas par décrets, car à ceux qui agissent il faut des faits. Si vous n'allez pas à la foule, elle viendra à vous, et, comme elle n'est pas suffisamment éclairée, elle ne se tiendra pas à votre hauteur; elle vous entraînera avec elle, et le nivellement se fera en bas. De là une déchéance collective qui ruinera la société prise en masse et qui finira par tuer toutes les forces vives de la patrie. — Les dissensions civiles qui se constatent dans le pays ne sont pas seulement propres à notre race, elles prennent naissance partout où tous ont les mêmes droits à la direction des affaires et où les chances de parvenir sont malheureusement inégales, grâce a une mauvaise éducation. Que les hommes éclairés se donnent la mission d'instruire le peuple, et la discorde cessera. Ils ne supprimeront pas la lutte, car la lutte est la condition même de la vie, mais le progrès s'accomplira sans une goutte de sang versée. Les citoyens marcheront à l'urne, conduits par la foi en l'avenir, et le lendemain de la bataille électorale, la nation, loin d'être épuisée, se sentira une vigueur nouvelle. Tous seront satisfaits, parce que tous auront exprimé leur volonté.

Mais la volonté, Messieurs, pousse au bien comme au mal. Elle détruit même avec plus de facilité qu'elle ne fonde. Les hommes n'ont pas besoin d'enseignement pour vouloir. Pour que leur volonté ne soit pas une force destructive, il faut leur apprendre à vouloir le bien. C'est vers ce but élevé que doivent converger toutes les intellligences. Instruire le peuple, c'est le placer dans la voie du bien.

Celui qui a l'honneur de vous adresser la parole dans cette solennité a, dans d'autres occasions, demandé l'application du principe de l'instruction primaire obligatoire, et la gratuité de l'enseignement à tous les degrés. Mais suffit-il que l'Etat s'empare de tous les enfants pour préparer des citoyens instruits et façonner l'avenir? Non, il faut encore que leurs pères, que leurs frères aînés qui ne savent ni lire, ni écrire, ou qui ont reçu une instruction plus qu'insuffisante, puissent grâce aux livres, aux lectures publiques, entrer en rapports constants avec ceux qui ont reçu la mission de parler en leur nom; il faut qu'ils puissent découvrir et comprendre les lois économiques qui gouvernent le travail et qui créent la richesse. Une société qui néglige l'instruction de ceux qui sont déjà parvenus à l'âge d'homme méconnaît leurs intérêts et manque à sa mission essentielle. Voilà pourquoi nous avons pensé à la fondation d'une école destinée à recevoir des ouvriers et que nous venons l'inaugurer ce soir.

Dans une démocratie il n'y a pas de ligne de démarcation qui sépare les couches sociales. Elles se touchent si étroitement, on passe si facilement de l'une à l'autre, que nous pouvons dire qu'elles se confondent. Les hommes agissant ainsi les uns sur les autres, nul n'est sûr de garder longtemps une situation acquise, même au prix des plus pénibles sacrifices, là où les passions les plus ardentes ont pu seules les produire et les pousser au premier rang. Le travail qui se fait est un travail de destruction plutôt que d'enfantement. Le moule se brise à tout moment et aucune tradition ne reste pour servir d'exemple aux générations qui se succèdent. Un homme d'énergie peut sortir de la foule pour arrêter ce mouvement désordonné qui menace de mettre en pièces la société. Il supprimera le mouvement au nom de l'ordre, mais sous sa main de fer aucune idée généreuse ne se manifestera. Le silence régnera partout, mais un silence de mort. Le despote passera, peut-être fier de lui-même, mais la postérité ne lui devra rien, parce qu'il n'aura su rien produire. Il a confondu l'agitation et le mouvement, et en les frappant tous deux d'un seul coup il a arrêté l'évolution. Et notez bien que de tels hommes sortent toujours des événements où la foule trop inquiète, inconsciente de ce qu'elle veut, accepte tout, sans être cependant satisfaite. Ce mal terrible provient de ce que tous veulent diriger sans qu'aucun citoyen puisse s'affirmer. Il importe donc que l'individu soit autonome. Il faut qu'il le soit dans toutes les conditions. Cela nous amène à la nécessité de la culture individuelle. Proclamer cette vérité qui, comme toutes les autres, est de tous les temps, c'est aborder un principe plus élevé que tous les principes politiques; c'est prendre l'homme dans sa partie la plus noble, son intelligence, et, par conséquent, la société dans sa plus grande profondeur et en même temps dans sa fin dernière, qui est encore l'homme lui-même.

Dans toutes les conditions, la culture de l'esprit est possible. Si cela n'était pas, pourquoi Dieu aurait-il donné l'intelligence à l'homme. Les hommes n'ont pas été créés les uns pour commander, les autres pour obéir. Ils ont tous reçu la mission de se perfectionner. Ceux qui domptent la matière par un travail manuel ne sont pas pour cela condamnés à sortir du monde de la pensée. Ils doivent être, au contraire, en communion perpétuelle avec l'esprit, s'abreuver continuellement à cette source d'où jaillissent toutes les idées d'invention, afin de devenir créateurs à leur tour. S'il est une erreur funeste, c'est celle de croire que les ouvriers n'ont pas besoin d'instruction. Penser ainsi, c'est leur refuser le droit d'être hommes, c'est leur dire qu'ils sont un moyen et que, seuls, les hommes de loisirs sont une fin.

Si le travail manuel devait éloigner l'homme de toute culture intellectuelle, la création paraîtrait une œuvre bizarre qui, loin de prouver la supériorite, la toute-puissance de celui qui l'a conçue, ne serait que le témoignage vivant d'un génie malfaisant. Quoi! l'homme remue le sol, coupe des arbres pour se construire une demeure, taille la pierre pour endiguer les rivières, et, pour faire tout cela, il se contenterait du pur instinct? Serait-il vraiment maître de son empire s'il était condamné à subir ce qui est sans chercher à découvrir de nouveaux moyens pour faciliter le travail de ses bras? Condamné à manger son pain à la sueur de son front, il roulerait éternellement le rocher de Sisyphe, regrettant de n'avoir pas été étouffé au passage le jour de sa naissance, et maudissant le sort qui l'étreint et l'écrase? Non, il a été créé pour une fin plus noble, et c'est ici-bas qu'il doit travailler pour y parvenir. Considérons donc l'homme dans l'homme lui-même, dans sa nature intime. Il est partout le même, dans toutes les classes, sous toutes les latitudes. Cultivons son intelligence, c'est par ce côté que nous l'élèverons. Quand il est instruit, il comprend ce qu'il fait, il apprécie son œuvre. Pour lui alors il n'y a pas de condition inférieure. Les professions libérales ne réclament pas plus d'intelligence que celles qu'on applique à la matière. A proprement parler, toute science est une science d'observation, car il faut voir pour savoir. L'art, qui est la culture du beau, ne plane pas dans une sphère invisible. Il exige que l'homme s'élève par la contemplation et qu'il traduise par des images sensibles ce que son imagination a contemplé. L'art, c'est l'idée qui s'est pétrifiée, et, Messieurs, permettez-moi une figure, peut-être prétentieuse, c'est le beau qui s'est cristallisé.

Le beau est dans la nature. La musique elle-même, qui exprime toutes les passions du cœur humain sans leur donner une forme, y puise sa source. Selon la pensée de Schopenhauer, les quatre voix dont se compose toute harmonie musicale, la basse, le ténor, l'alto et le soprano, ou la basse, la tierce, la quinte et l'octave, correspondent aux quatre règnes de la nature, règne minéral, règne végétal, règne animal et règne humain. Ainsi, vous le voyez, l'homme qui accumule les corps dans sa main pour les modifier, les transformer selon ses goûts, ne saurait être méprisable. En quoi le chirurgien, par exemple, qui met la main dans une plaie de mauvaise nature, est-il supérieur à l'artisan qui fait l'alliage des métaux, au charpentier qui fait d'un arbre abattu dans la forêt et qu'on allait jeter au feu, la colonne magnifique qui soutient un temple? Le chirurgien est justement admiré parce qu'il connait les vaisseaux essentiels par où la vie circule, parce qu'il apporte la guérison au patient. Mais la vie n'est rien si elle n'est accompagnée des jouissances qui lui sont nécessaires. Une rivière traverse une plaine, déborde à chaque crue, prive de tout moyen de communication les cultivateurs et les habitants du chef-lieu de la commune. Les propriétés riveraines changent à tout moment de place et les énormes crevasses qui se sont faites gardent une eau croupissante d'où s'exhalent des miasmes. Un ingénieur vient, qui creuse le lit de la rivière et qui l'encaisse. Il jette dessus un pont solide qui défiera les injures de plus d'un siècle. La culture devient florissante, le commerce des villes et des campagnes ne subit plus d'interruption et la stabilité s'établit. La contrée ne doit pas plus sa richesse à ceux qui cultivent la terre qu'à l'ingénieur qui a endigué la rivière et qui a construit le pont. Ce fils du peuple, si on ne lui avait pas donné l'instruction, serait resté un manœuvre. Citoyen comme tous les autres, actif, il aurait cherché dans d'autres occupations la fortune et la renommée. Mécontent, il aurait suivi la bannière de la révolte, et son cœur plein de feu, plein de patriotisme, j'en suis sûr, aurait été percé d'un lingot de plomb. Vous et moi, messieurs, nous essaierions vainement de nier notre part de responsabilité dans ce meurtre. Favorisés par l'instruction, nous avons été trop individualistes. Nous avons méconnu la sainte loi de la charité, de la solidarité humaine. L'oiseau seul chante dans la solitude, l'homme social est né pour descendre dans la foule qui peine et panser ses blessures.

Le travail est une peine pour l'ouvrier qui n'est pas instruit. Comme il comprend mal ce qu'il fait, il n'y prend aucun goût. Quels sont les ouvriers qui s'attachent le plus à leurs métiers? Ce sont ceux qui en saisissent la valeur. Ils embellissent leurs œuvres qui sont recherchées. Et plus ils cherchent à flatter le goût de ceux qui leur donnent de l'ouvrage, et plus ils voient leur condition s'élever. C'est l'instruction qui rend la perfection possible, et c'est la possibilité de la perfection qui donne à l'ouvrier de l'amour pour son métier. Il est incontestablement vrai que toutes les classes ont besoin de s'instruire et que c'est du manque d'instruction que provient pour l'ouvrier le désir de quitter ses outils et de chercher ailleurs que dans le travail de ses mains un sort meilleur.

Il est d'ailleurs absolument faux de dire que les occupations des mains et celles de la tête ne peuvent point s'allier, et que celui qui a embrassé une profession manuelle ne saurait avoir la prétention d'arriver à un niveau intellectuel assez haut pour le placer à côté du savant. Où donc relèguent-ils la science ceux-là qui raisonnent ainsi? Est-ce hors du monde? Est-ce dans la sphère des purs esprits? S'il en est ainsi, nous leur dirons que peu d'hommes sont capables de rester dans la spéculation pure, et que ceux qui transforment les sociétés ne sont pas les seuls idéalistes. Ils ont concentré toutes leurs facultés sur une partie de la science de l'homme et la scrutent chaque jour d'une façon admirable; mais ils ne sont pas seuls à découvrir les principes en vertu desquels l'homme se meut et se perfectionne dans le temps. Il y a un principe général que démontre l'ensemble des choses et que comprend toute intelligence cultivée. Ce principe général tout homme le découvre en soi; c'est une vue intérieure, chacun peut l'exercer, et pour cela le loisir ne manque jamais. En prenant l'ouvrier le soir, en ouvrant un livre devant lui, nous lui disons cette vérité consolante. Il sortira plus fort de nos leçons et se reconnaîtra perfectible comme tous ceux qu'il côtoie dans les rues et qui ont conscience de leur valeur. On nous objectera encore que cet homme deviendra un demi-savant et que les demi-savants sont plus dangereux pour la société que les ignorants? Cela est vrai si l'on considère uniquement ceux qui, s'étant livrés au travail intellectuel, méprisent les fils d'ouvriers et croient que traverser la place publique un livre sous le bras, c'est être plus grand que celui qui tient une truelle ou qui reste penché sur un établi. Mettez-leur dans les mains un livre pensé par un homme sorti d'un atelier, et leur morgue paraîtra ridicule à leurs propres yeux. Racontez-leur l'histoire de David Livingstone, et ils seront pleins d'admiration pour cet explorateur du Zambèze et de l'Afrique australe, quand ils apprendront que cet ami des noirs, employé dès l'âge de dix ans dans une filature de coton où il travaillait tous les jours de six heures du matin à huit heures du soir, sans autre interruption, dit-il lui-même, que le temps nécessaire pour le déjeuner et le dîner, a pu poursuivre l'étude du latin en se rendant tous les jours à une école du soir qui se tenait de huit à dix heures. Eh bien, dans notre pays, où les exigences des patrons n'ont pas encore acculé les salariés à demander la réduction des heures de travail, l'ouvrier n'a t-il pas le temps d'apprendre? Et rappelez-vous ce que je viens de vous dire plus haut, ce n'est ni le latin, ni le grec, ni la philosophie, ni la théologie que nous nous proposons de lui enseigner. Nous voulons lui donner quelques leçons pratiques de choses, lui inculquer les premiers éléments de la morale, afin qu'il puisse travailler vite et bien; afin qu'il sache qu'il est légal de tous les potentats, que celui qui fait le négoce n'est pas plus honorable que celui qui scie un morceau de bois; que celui qui écrit dans un bureau public n'a pas plus de droit à l'estime de tous que l'ouvrier honnête qui enfonce le clou dans une palissade. Ils sauront les uns et les autres qu'ils ont leur titre de noblesse dans le travail. Détruisons la sotte prétention de ceux qui se disent des aristocrates dans un pays qui par son origine, par son histoire, ne saurait permettre la formation d'une aristocratie. Seuls, s'ils vivaient encore, nos pères, nous les séparerions de l'ensemble pour les désigner sous le nom de demi-dieux. Mais ils sont morts laissant pour toute postérité la patrie. Notre titre de noblesse à tous n'est pas un parchemin, il se trouve dans notre histoire nationale. C'est l'acte solennel qui a été lu, le 1er janvier 1804, sur la place d'Armes des Gonaïves. S'il est une aristocratie dont il serait bon de souhaiter l'établissement, c'est celle de l'intelligence. Toujours ouverte, celle-là, on n'y entrerait ni par droit de naissance ni par droit de fortune. Elle serait l'avènement des hommes de toute condition dans la sphère de la pensée libre, dégagée de tout préjugé. Elle serait ainsi l'affirmation de la démocratie dans la lumière. Vouloir bâtir l'aristocratie sur la naissance dans un milieu où l'on n'a pas encore instruit les ouvriers et où la guerre civile fait les noms, c'est proclamer la déchéance du travail qui est un honneur. L'asseoir sur la fortune dans un pays où les places publiques enrichissent le plus souvent, c'est justifier la lutte armée, c'est encourager l'oppression et la révolte. Cette aristocratie, basée sur la fortune, corrompra même ceux qui se désintéressent de la politique. On voudra vite arriver à l'aisance qui donne droit à la cité des nobles. La déloyauté dans les transactions introduira la honte dans les familles. Toutes les formes de la courtoisie dénoteront une société polie, tandis qu'au fond cette société tombe en décadence et en pourriture. Rappelez-vous les épisodes de la Révolution de Saint Domingue. D'un côté, le colon dissolu s'endormait riche et pesant dans un palais doré; de l'autre, l'esclave, attaché à la glèbe comme une bête de somme, avait à peine une case pour se reposer la nuit. Debout avant le jour pour entrer dans les cannes, il s'est trouvé plus fort à l'heure de la rencontre. Le colon s'était enrichi par tous les moyens, par des moyens atroces, il fut vaincu par l'homme de peine. Puisqu'il est humain d'accorder une larme aux vaincus, disons que le colon a été victime des préjugés de son époque. Avant la Révolution de 1789, les roturiers n'étaient rien, les nobles étaient tout et les titres de noblesse s'achetaient. Le colon avait voulu faire fortune pour devenir quelque chose. Il doit son malheur aux exigences de la vieille aristocratie de l'Europe. Tant que l'or et le billet de banque seront l'unique mesure de la grandeur au mépris du talent et de la vertu, l'homme, selon la pensée de Hobe, sera un loup pour l'homme.

L'homme a été créé pour chercher la vérité. S'il creuse dans le sol des puits profonds pour en extraire les métaux précieux, c'est encore pour se prouver à lui même que la terre n'a le droit de lui rien cacher. Il peut faire du métal un signe d'échange pour faciliter la vente de ses produits. Mais qu'il ne se livre point à la tyrannie de cette matière qu'il foulait aux pieds et à laquelle il a donné une valeur. Il est le but de ses propres efforts, la vérité ne se dégage que du mouvement de ses facultés morales qui le conduisent en haut et non en bas.

La tête domine le reste du corps, c'est pourquoi elle est le siège de la raison qui médite et qui combine. Il est naturel que l'homme cherche à monter, mais il ne monte que par la pensée. On a dit quelque part que l'homme qui ne sait pas lire n'est bon à rien. Elargissant cette pensée, nous pouvons ajouter qu'une société dont les membres les plus utiles, les ouvriers, ne savent pas lire n'est d'aucune utilité pour la civilisation. Nous faisons l'essai d'un gouvernement libre où les hommes de notre race doivent se développer et donner la mesure de leurs aptitudes. Notre travail sera stérile tant que nous l'accomplirons dans des conditions désavantageuses. Qu'importe au monde que nous cessions d'exister comme peuple, comme nation, si notre passage dans l'humanité n'est marqué par aucun fait saillant, si par la bonne entente nous ne prouvons pas que nous sommes sur la carte un point lumineux, digne de fixer l'attention. La société s'aperçoit-elle de la disparition d'un homme qui a vécu sans famille, égoïste, privé de toute sympathie, perdu dans la solitude de son cœur? Cet homme descend dans la tombe, emportant tout avec lui, aucune larme ne le suit. Un peuple est pour l'humanité ce qu'un homme est pour une société. Qui donc serait assez fou pour souhaiter la mort d'un citoyen utile? Tous ont besoin de lui parce qu'il est un point d'appui. S'il est quelque chose qui puisse flatter notre orgueil, c'est que notre passé est un plaidoyer en faveur d'une race méprisée. Grâce à notre passé dont le temps ne fera pas perdre de sitôt le souvenir, si à cette heure nous disparaissons de la carte politique, ceux qui viendront fouler cette terre en maîtres seront forcés de s'écrier: « Ici une commotion s'est faite à la fin du XVIIIe siècle de l'ère chrétienne. Ici pour la première fois l'homme noir a entonné l'hymne de la liberté! » On remuera le sol, on y trouvera des chaînes brisées et la poussière d'une génération de héros. On dira aussi que ce peuple est sorti d'une époque d'action, mais qu'il n'a pas su progresser. Notre gloire alors restera incomplète, parce que, héros, nous n'aurons pas été des hommes. Vous me direz, ce que j'ai déjà constaté, que l'homme noir baissant la tête dans les colonies ne la relève que chez nous; mais je vous répondrai qu'il se rend compte d'une chose, c'est qu'ailleurs il y a plus de sécurité pour lui que chez vous. Oui, ailleurs l'ouvrier vit respecté; ailleurs, il sait lire. Si nous n'instruisons pas les ouvriers, nous n'échapperons pas à cette foudroyante accusation, que quelques-uns veulent avoir le monopole de toutes les fonctions, en se constituant groupe dirigeant en dehors de la participation de la collectivité. A la lueur sinistre des événements, cette vérité éclatera à nos yeux dessillés peut-être trop tard, alors qu'il n'y aura plus d'espérance ni pour les exploiteurs ni pour les exploités. Conjurons le désastre, en armant chacun du droit d'examen. Cela est plus facile en Haïti qu'en Europe. Chez nous le mot grève est encore inconnu, les ouvriers ne savent même pas ce que c'est que l'association pour la lutte. Quoi! nous qui avons une situation si belle dans la main, nous la perdrions par nos fautes! Ah! je le dis avec une terreur franche, dans ce genre de bataille, si l'épée sort du fourreau, il n'y aura ni vainqueurs ni vaincus, car des deux côtés se trouveront des inhabiles. Il y aura plus que des ruines, l'anéantissement sera complet. Faisons en sorte, qu'en vue de ses propres intérêts, l'ouvrier s'attache fortement à son travail. Aimant le métier qu'il a embrassé et qu'il professe avec ardeur, il trouvera mille inventions pour le perfectionner. Content de lui-même, jouissant de sa propre estime, il se souciera peu de ce que pensent de lui les gens à la mode. Nous sommes vraiment consolés de savoir que la vie n'est pas plus difficile pour nous que pour d'autres. Que nous importe que quelques individus, riches selon eux, se réunissent à part pour se livrer à leurs ébats, pourvu que nous ayons acquis la science et que, fortifiés par la morale, nous sachions que l'homme pensant est au-dessus de celui qui possède tous les biens matériels du monde. Les hommes se recherchent selon leurs goûts et leurs penchants. Puisque les jeunes gens qui lisent et qui trouvent une jouissance dans le commerce intellectuel, fondent des sociétés où ils se voient, se serrent la main et discutent, pourquoi ceux qui vivent dans un autre ordre d'idées n'auraient-ils pas le droit de se réunir et de s'amuser? « Qui se ressemble s'assemble », dit le vieil adage. Mais il est bon que ces rassemblements distincts, loin de trancher les couches sociales, soient considérés comme des moyens d'amusements que les uns et les autres se procurent selon leurs ressources pour dissiper leurs soucis. Une éducation commune donnée par des hommes de tous métiers et de toutes professions amène nécessairement ce point de contact. L'ouvrier à qui l'on offre l'instruction indispensable à tout individu et qui la refuse obstinément, restera inférieur aux autres à tous les points de vue. Jaloux de l'avancement de ses compagnons, vexé de sa condition qu'il ne doit qu'à ses fautes, il deviendra colère, intraitable, mais restera impuissant contre lui-même et contre les autres. Ceux qui, mettant de côté toute fausse honte, auront accepté cette instruction primaire ou professionnelle que les sociétés privées ou l'Etat mettent à leur disposition, marcheront, au contraire, hardis et fiers, dans la caravane du progrès. Rien ne les arrêtera sur la route. Si les hommes aisés ne leur parlent pas dans le cours du voyage, les jeunes gens qui nourrissent des rêves d'avenir et qui croient encore possible la conquête de l'idéal social, les entretiendront sans cesse. C'est ainsi que l'instruction élève les caractères. L'individu, dirigé par la raison, place ses véritables intérêts dans la culture de ses facultés. Il reconnait en même temps qu'au-dessus des intérêts particuliers plane l'intérêt général qui est la résultante de toutes les activités. Avec les caractères individuels, le niveau des masses s'élève : chacun étant une conscience, l'Etat devient une force morale plutôt que coercitive. En obéissant à la loi commune, le citoyen reconnait l'autorité de la raison générale qui n'admet point d'exception à ce qu'elle commande. Chacun se dit que la législation n'a pas été faite par l'arbitraire au profit de quelques-uns, car là où tous lisent et commentent, tous bénéficient des dispositions de la loi que personne n'ignore. Le père de famille n'enseigne que la vertu à ses enfants ; il les fortifie par ses leçons de sagesse et ses mœurs austères. Ceux-ci, à leur tour, imitent ses exemples, embrassent la carrière qu'il suit depuis nombre d'années et qui lui a valu le respect de ses concitoyens. L'exercice des droits laissera le moins de place possible à la coercition sociale, parce qu'il sera parallèle à la pratique des devoirs. L'égalité ne sera pas dans les apparences, mais dans les faits. La capacité ne sera pas seulement dans le savoir, elle sera dans ces trois mots : moralité, dévouement, patriotisme.

Que le présent prépare cet avenir si impatiemment attendu ; et au jour de la célébration du Centenaire de notre Indépendance, la nation debout, non pour sonner le tocsin d'alarme, mais pour annoncer la fête de ces morts immortels qui ont forgé la liberté, la nation debout et superbe dira au monde émerveillé : « L'égalité s'est faite, le même soleil luit pour tous les peuples. »

II

POUR L'ÉCOLE DU SOIR (*)

Mesdames,

Messieurs,

Ce n'est pas seulement le programme de cette soirée qui vous a conviés à vous réunir dans la grande salle de notre vieux Lycée. Votre amour du beau s'est déjà manifesté dans plus d'une circonstance semblable. L'empressement que vous avez mis à venir nous entendre ce soir signifie autre chose qu'une simple curiosité littéraire. Vous savez qu'ici on va vous parler de ce sentiment, le plus cher aux âmes bien nées, le patriotisme. Vous savez que le patriotisme n'est pas seulement l'amour du sol natal, de ce coin de terre qui a été le témoin de notre premier sourire à la vie et qui raconte chaque jour le passé à notre souvenir. Le patriotisme, c'est le gage de nos espérances communes, c'est la fortification de notre foi en l'avenir.

(*) Allocution prononcée en 1893.

Seul chargé de poursuivre la réalisation de ses destinées pour avoir conquis par les armes sa liberté et son indépendance, notre pays a beaucoup souffert. Mais ses souffrances lui sont d'autant plus chères qu'elles sont le prix d'un effort qui étonne le monde et qu'elles lui vaudront plus tard une gloire éternelle. Notre mission, je peux le dire, est unique dans l'histoire. Nous l'accomplirons si nous restons unis, car l'union est une force. Pour que tous le comprennent, il faut que tous soient instruits. Cette vérité évidente n'a pas échappé à l'Association du Centenaire. Les jeunes gens que vous venez encourager par votre présence ont fondé une école du soir. Cette œuvre ne leur appartient pas exclusivement; elle est aussi la vôtre, puisque vous voulez en assurer l'existence.

Vous avez donné à l'intelligence, vous êtes des semeurs de bon grain. Nous dirons aux ouvriers des paroles de paix; aux hommes de toutes conditions que nous sommes appelés à enseigner, nous dirons que l'amour de la patrie est le premier devoir du citoyen.

Les jeunes auteurs haïtiens que vous allez entendre tout à l'heure vous donneront la mesure de leurs talents et ce qu'ils peuvent faire pour inspirer de grandes idées au peuple.

Monsieur Clodius Gauthier va vous faire une conférence sur l'origine de la littérature en Haïti. Est-il nécessaire que je vous le présente? Déjà il a conquis sa place dans le monde littéraire. Par l'élévation de ses vues, il a pu, depuis, commander notre admiration. Esprit sérieux, il s'attache à l'analyse; styliste plein de grâce, il donne une peinture vive et attrayante à tous les sujets qu'il aborde. Vous verrez avec lui que la littérature d'un peuple n'arrive pas d'un seul bond à la perfection. Elle a aussi ses tâtonnements, ses coups d'essai. Puisque le langage humain a son âge préhistorique, pourquoi la littérature d'un peuple n'aurait-elle pas le sien? C'est une révélation que va nous faire M. Ganthier.

Je n'attendrai pas la fin de cette soirée pour présenter, au nom de l'Association du Centenaire, les remerciements les plus mérités à M. Rameau, directeur du Lycée.

Depuis nombre d'années, Monsieur le Directeur, vous donnez le plus bel exemple de dévouement à la jeunesse. Vous avez préparé des hommes instruits, des hommes qui honorent les carrières qu'ils ont embrassées. Bon nombre de vos anciens élèves font partie de cette Association et plusieurs d'entre eux sont appelés à faire la fortune de cette fête. Ils sont sortis de vos leçons, le cœur animé de nobles sentiments. Et si déjà il leur est donné de contribuer à la prospérité de leur pays, c'est à vous qu'ils le doivent. L'Association à qui vous avez ouvert le Lycée s'honore de vous compter parmi ses membres et de trouver en vous un de ses conseillers les plus autorisés.

III

PRÉFACE DE « LA FILLE DU CACIQUE »

Le naturaliste fait l'appel des espèces disparues et les classe. L'accuse-t-on de vouloir fermer la voie du progrès à la science, en la faisant reculer vers un passé qui n'est plus que débris et qui s'est mêlé à la poussière des siècles? La conquête de l'avenir est la préoccupation du présent. L'homme veut raccourcir l'espace pour aller vite. Obsédé par cette pensée, il creuse des mines pour en extraire la houille et le fer, il perce des tunnels pour abaisser les frontières. Alors de ces puits, de ces tunnels, sortent des forêts ensevelies et des cadavres momifiés depuis des millions d'années. Ici le géologue reçoit le commandement impérieux de s'arrêter pour bien examiner la nature du terrain et la disposition des couches superposées. L'ingénieur se sert des études de cet observateur et entreprend les travaux indispensables. C'est ainsi que la connaissance du passé est la condition de toute marche assurée vers l'avenir.

Le poète serait il l'artiste par excellence s'il n'était que le chantre des espérances humaines? Pour qu'il soit toujours sublime et toujours écouté, il faut qu'il aille souvent s'asseoir au bord des tombeaux que le temps fugitif a laissés bien loin derrière lui. Soit que la poésie reste la forme la plus achevée de l'art, soit qu'elle devienne historique et philosophique, elle parlera au cœur, elle émouvra l'âme tout entière en interrogeant ses impressions les plus intimes et les plus vraies. Les chantres du passé sont des Cuviers en leur genre, ils secouent le linceul des peuples gisant avec leurs mœurs sous les ruines de leurs époques. Ceux qui s'occupent de sociologie les lisent avec un mélange de curiosité et d'intérêt.

Mr Henri Chauvet se plait à se promener dans la plaine de la Véga et sur les hauteurs du Cibao qui retentissent encore des Areytos des Sambas. A nous qui préparons la célébration du centenaire de notre indépendance, il vient dire : « Rappelez-vous qu'avant vos ancêtres une race est tombée martyre de sa générosité; rappelez-vous que cette race, avant de disparaitre entièrement, a vu se révolter les premiers esclaves africains importés à Hispagniola. La solidarité dans le malheur exercerait-elle moins d'influence sur votre histoire que la communauté d'origine? N'oubliez pas les Aborigènes de Quisqueya ... »

Ce drame n'avait certainement pas besoin d'une préface, et l'auteur encore moins d'un introducteur. Mais Mr Chauvet, en offrant son livre à l'Association du Centenaire et en demandant une introduction à un de ses collègues, a voulu démontrer que dans son esprit il ne sépare point l'Africain de l'Indien sur cette terre découverte par Colomb.

Son travail sera achevé quand il aura réuni les trois parties qu'il nous promet : cycle indien, cycle colonial, cycle moderne.

Dans la « Fille du Cacique », il fait ressortir le contraste de mœurs qui existait au moment de la découverte entre les fils de l'Espagne et les habitants d'Haïti. Ceux qui avaient suivi le célèbre navigateur étaient des hommes cupides, moins intéressés à servir la science et à répandre la doctrine du salut par la croix, qu'à ravir aux naturels des Antilles les immenses trésors que recélaient leurs montagnes.

Livré à une vie de débauches et de corruptions, l'Espagnol

n'avait rien du vrai colonisateur. Son énergie personnelle ne s'est manifestée que par la destruction. Il assouvit en des plaisirs infâmes ses penchants déréglés. L'homme de génie n'est pas souvent compris, ses qualités supérieures n'exercent pas toujours l'ascendant voulu sur ceux qui l'entourent. Ses coopérateurs commettent des fautes qui ternissent quelquefois l'éclat de son œuvre et arrêtent pour longtemps le développement de ses idées. Tel nous apparaît Colomb au milieu des débauchés qu'il eut pour compagnons.

L'Indien, au contraire, menait une existence paisible. Le mamey, l'yuca, la guanavima et quelques autres produits du sol étaient pour lui une alimentation suffisante. Il se sentait heureux au milieu des merveilles d'une nature luxuriante et tranquille. Sa religion était dans sa poésie. Celui qui avait l'imagination la plus riche et tirait de son âme les mélodies les plus touchantes était à ses yeux l'interprête fidèle des Zémès. Ignorant de son origine, insouciant de sa destinée, il se croyait au centre du monde. Dans le mugissement des vagues, il écoutait la voix d'un de ses ancêtres; dans la splendeur des nuits étoilées, il contemplait les âmes envolées de ses cavernes. Nul enclos ne partageait les patrimoines Les autochtones n'avaient pas créé le sol, un ancêtre commun l'avait, en mourant, laissé tout cultivé. Leur unique mission était de ne pas laisser périr ce que dans sa prévoyance le vieillard regretté avait confié à la terre. Ils aimaient les bonnes actions et les pratiquaient, afin qu'au jour de leurs funérailles le souvenir de leur vie inspirât de doux accents aux chantres populaires. C'était pour eux revivre dans le temps et dans l'espace. Lorsqu'ils prodiguaient leurs bienfaits à ceux qui venaient d'outre-mer, ils se recommandaient sans doute à la mémoire des hommes. Mais la servitude, le massacre devaient détruire leurs illusions.

Les compagnons de l'Amiral n'avaient pas été comme lui édifiés par l'étude et la méditation. C'étaient des éléments grossiers façonnés pour la guerre, incapables d'être employés à une entreprise de haute conception. Aussi l'auteur les montre-t-il, dès le premier acte, dissipateurs et violents. A une cordiale hospitalité, ils répondent par une conduite insupportable.

Au milieu de ces figures ignobles, M. Chauvet place un officier d'un tempérament chevaleresque et que l'on voit sans cesse en lutte avec les vices humains. Rodrigo n'est pas de ces aventuriers qui tentent fortune au mépris de la pudeur. Soldat, il aime la gloire et entend que le Nouveau-Monde soit un prolongement de sa patrie.

La guerre dirigée contre les Indiens fut une guerre injuste. Quelques hommes de bon sens l'ont compris. L'indignation que nous éprouvons à la lecture des annales du XVe siècle n'a pas été étrangère aux philanthropes de ce temps Mais le vent de folie qui soufflait à cette époque où la science économique consistait à déifier le métal et à rabaisser l'individu avait éloigné les gouvernements de tout esprit de modération. Un sage cependant a dû se trouver au Fort de la Nativité pour protester contre l'indiscipline de la garnison et la rappeler aux lois de l'honneur. Une circonstance a produit cet homme dans la pensée de l'auteur, et il lui donne ingénieusement la mission de défendre contre la cupidité de ses congénères l'œuvre de l'Amiral qui devait être de paix et qui fut une œuvre de destruction. L'amour avait accompli chez Rodrigo une transformation. Mamona, touchante figure de la femme nature, que le poète peint en des vers artistement ciselés, avait jeté sur lui un regard fascinateur :

Je côtoyais les bords de l'Atibonico
En exploration ; et du mont Kibao
Je contemplais de loin les hauteurs. — Sur la rive
Du fleuve que suivait ma pensée inactive,
J'aperçus tout à coup, à l'ombre d'un bambou
Qui se mirait dans l'onde et l'argent d'un remous
Une enfant de seize ans, une brune créole,
Qui dormait seule, ayant au front cette auréole
De grâce insconsciente où se plaît la beauté..

En exhumant un état social disparu, l'auteur ne s'écarte point des données historiques. Dans ce pays inexploré les couples amoureux se perdaient dans les sentiers sauvages, dans les ravins profonds; ils se couronnaient de feuilles et de fleurs en longeant le cours des ruisseaux babillards à l'heure où l'oiseau jaseur sautillait dans les branches.

Le civilisé de nos jours croit que dans ce temps de simplicité où l'on jouissait des prodigalités de la nature aucune union n'était durable. Flottant lui-même au gré de son inconstance, corrompu par le froid calcul de l'intérêt, il place le bonheur idéal dans la dégradation de la femme. Notre poète, lui, comprend mieux cet âge d'or qu'il ressuscite. Mamona ne sait pas dissimuler ses impressions, elle laisse tomber de ses lèvres le doux aveu. Elle sera héroïne à son heure en restant fidèle aux sentiments qui ont toujours honoré les femmes de sa race:

...Les femmes d'Haïti
Jamais, même une fois dans leur vie, ont menti,
Quand elles ont donné leur amour et leur âme...

Le jeune Espagnol, tel que nous le trouvons dans le drame, était digne d'allumer une pure flamme dans le cœur de la belle Indienne. Dans un duo d'amour ils se confondent pour ne plus se séparer.

Le lecteur se demande sans doute si un homme ainsi captivé par les charmes de la beauté saura soutenir l'honneur des armes. L'auteur n'accepte pas que le soldat soit traître à sa patrie. Il veut que celui à qui s'est donnée Mamona soit jusqu'au bout un homme plein de dignité. Il se fait une issue pour rentrer dans la vérité historique, en créant le Samba Macao, cette figure originale qui trahit par patriotisme.

A la fin du premier acte, l'action est vigoureusement engagée, et, en deux vers, le poète peint les trois personnages d'où découleront les péripéties du drame:

GUTIERREZ

A moi l'or du Kacik!...

RODRIGO

J'ai comme une espérance
De la revoir...

MACAO

Zémès, secondez ma vengeance!

Un homme d'une énergie indomptable s'était trouvé dans la province de la Maguana pour communiquer à ses sujets la méfiance que lui inspirait la présence de l'étranger envahisseur. Il était de la forte race des Caraïbes. Asailli par la faim, toujours en lutte avec les difficultés, il avait appris dans son enfance à escalader les rochers les plus abrupts, à diriger un frêle canot sur la mer la plus agitée, à affronter sans terreur le péril des combats. Le besoin de vivre l'avait poussé peut-être souvent à faire des incursions sur les terres de l'Archipel des Antilles. Un jour l'océan en furie l'avait jeté tout armé sur les côtes de Quisqueya. Ecoutons le monstre rugir effroyablement :

Mes aïeux promenaient la mort et ses ravages
Sur le grand lac qui n'a point de rivages.
Ma mère me baignait tout petit dans le sang
Des prisonniers, et mon père en mangeant
Me jetait de leurs os dont je suçais la moëlle!...

Doué de cette audace qui donne de l'ascendant à l'homme conscient de sa force et de sa puissance, il avait groupé autour de lui les Haïtiens tremblants qui avaient besoin d'un protecteur. Il devint au centre de l'île le dépositaire du pouvoir et il l'exerça d'une main ferme. D'un caractère altier, il plaça bien haut son empire, sur la cime la plus élevée du Cibao. Poète et guerrier, il avait une sureté de vue qui lui permettait de découvrir les secrètes pensées des colonisateurs, comme le point culminant de la montagne dominait les vastes plaines qui se déroulaient au loin. Il jura d'infliger une défaite aux pillards, arma du boutou et de la zagaie ses butios, ses nitaynos, chassa devant lui l'ennemi et l'extermina.

Mais son rôle tragique, tracé par les événements qui s'accomplissaient, a dû par intervalle faire place aux sentiments d'humanité. L'amour paternel pouvait seul fléchir cet homme de fer, infatigable dans la guerre, luttant pour la défense de la liberté et de l'indépendance. Par une heureuse fiction, l'auteur lui donne une fille, qui n'est pas Higuenamota, mais la brune Mamona. Le vengeur le plus terrible n'est pas naturellement féroce, il a des éclaircies dans sa vie qui ouvrent son cœur à la pitié et à la générosité. Le sang de l'Espagnol coulant à flots n'était pas capable de faire reculer d'horreur le cacique de la Maguana. Sa fille sut calmer plus d'une fois sa fureur.

Cette fiction, d'ailleurs, révèle tout un côté de l'existence de Caonabo. Etait-il vraiment inaccessible aux mouvements magnanimes, cet homme qui avait choisi pour femme la reine du Xaragua? L'alliance entre le Souverain Samba et Anacaona, n'avait pas été dictée dans un but politique en face du péril commun. Caonabo avait trouvé la poésie dans les odes d'Anacaona et celle-ci admirait chez lui le courage, l'audace et la fierté. Lorsqu'aux jours des rudes épreuves, il se fut engagé dans les gorges des montagnes, entonnant à la tête de ses hordes l'hymne des combats, elle lui donna le témoignage de son inaltérable dévouement.

Dans le drame, si le plus souvent cet homme, tel un lion farouche, rugit en des vers sonores, pour lesquels le poète emprunte l'ïambe courroucé d'Archiloque, toute la colère en son cœur amassée, père tendre, il sait s'adoucir comme un agneau: contraste de sensations fécond en effets dramatiques. Mais au dénouement, son tempérament de guerrier se redresse, implacable, pour ne plus fléchir. La faiblesse paternelle qui seule avait pu dompter sa haine pour l'étranger, se change en douleur atroce. Maintenant, dit-il, et il nous plaît de transcrire ces vers vibrant de patriotisme où il prophétise 1804:

Aux miens j'insufflerai cette haine éternelle
Qui déborde en mon cœur... Oui, la postérité
Ecoutera ma voix. Au nom de liberté,
Ils se lèveront tous, si de votre esclavage
Ils subissent un jour les chaînes et l'outrage;
Alors «lugubrera» dans tous nos mornes verts
Le cri d'indépendance, et les cœurs, large ouverts
A ce fier sentiment qui dans mon âme vibre,
Se sacrifieront tous pour faire Haïti libre!...

Nous aurions voulu nous appesantir sur le scrupule de l'auteur d'avoir serré de près l'histoire. Voulant rester dans la couleur de l'époque, il orthographie Kacik, Kibao, à la façon de Leconte de Lisle pour ses drames grecs. Mais ce qui recommande surtout l'œuvre à l'Association du Centenaire, c'est la chaleur patriotique du dramaturge qui était vraiment digne d'être le chantre de Caonabo.

Le fier Cacique combattit effectivement jusqu'à sa mort l'étranger oppresseur. Il fut pris et déporté; la caravelle qui le transportait en Espagne disparut dans les flots. Pouvons-nous nous rappeler l'arrestation de Toussaint Louverture que l'on fit traîtreusement prisonnier et qui mourut torturé par la faim et le froid, sans penser à Caonabo qui fut abimé dans l'océan, les mains chargées de fer? Il est de ces héros qui, par leur destinée, se rapprochent dans le domaine de l'Histoire. Entre les grands hommes il y a je ne sais quelle affinité qui fait penser à quelques philosophes que les temps sont marqués à l'avance et que les mêmes scènes ne font que se renouveler sur des théâtres nouveaux avec quelques variantes dans les circonstances.

Quand on parcourt les annales de notre pays, on ne peut s'empêcher d'admirer le rôle qu'ont joué les Caonabo, les Henri et les Louverture. Caonabo n'a pu conjurer la soumission des cinq cacicats à l'autorité de l'Espagne; Henri, l'extinction de sa race; Toussaint, un armistice au milieu des guerres de la révolution de Saint-Domingue. Mais ces trois hommes demeureront comme trois protestations contre la spoliation, la tyrannie et l'esclavage. Le génie de Toussaint est incontesté, parce que des officiers formés par lui ont pu reprendre son œuvre grandiose et l'achever. Mais ce n'est pas seulement la fin qui dicte le jugement de la postérité; les moyens, nombreux ou insuffisants, revendiquent aussi leur part dans les succès et les revers. L'intention était aussi bonne chez les deux caciques que chez le gouverneur général. Les premiers ont échoué, mais ils restent grands pour avoir compris que le viol et l'assassinat ne sont pas des moyens de civilisation.

C'est ce qui ressort du drame de M. Chauvet. Les vers qu'on va lire ne sont pas un cri de haine. Le poète, en exhumant dans une action dramatique toute une époque disparue, devait rester dans la vérité historique. S'il s'en est écarté, c'est dans la peinture du caractère chevaleresque de Rodrigo qui, d'après l'histoire, était animé de la même cupidité que ses compagnons d'aventure. Mais notre dramaturge, dans sa douce philosophie, n'a pas voulu admettre que, dans un groupe comme chez un individu, le mal seul puisse régner en souverain.

Ce fonds de moralité, qui rend toute œuvre durable, donne à ce livre un intérêt sympathique qui le recommande à l'étranger comme à l'Haïtien. Le jeune auteur appelle modestement « LA FILLE DU CACIQUE » son premier essai dramatique.

Il est des coups d'essai qui valent des coups de maîtres.

JÉRÉMIE

IV

L'ENSEIGNEMENT A L'ÉCOLE DU SOIR (*)

MESDAMES,

MESSIEURS,

Les œuvres humaines, en s'éloignant de l'époque de leur naissance, grandissent ou déclinent selon la foi des hommes qui les soutiennent et le caractère des circonstances qu'elles traversent. Fondées dans une époque d'hésitation, elles exigent pour vivre une avance de force considérable de la part de leurs créateurs; mais les éléments qui les constituent, puisés dans la volonté de quelques rares croyants, finissent presque toujours par s'user contre la résistance du plus grand nombre. Il est vrai que de leurs vestiges, lorsqu'elles ont été édifiées sous la direction d'une idée juste, peut sortir un mo-

(*) 17 janvier 1894.

nument nouveau, imposant par ses proportions. Quoi qu'il en soit, la main du temps aura déjà dispersé bien des matériaux, effacé bien des empreintes qui avaient leur signification frappante et instructive. Souvent aussi on remue les premières fondations, on déplace les premières lignes, on en trace de nouvelles suivant les exigences de l'art contemporain.

Mais l'Association du Centenaire de l'Indépendance nationale, venue dans un temps où les esprits, moins sceptiques, entrent dans la voie des pressantes réformes, a fort heureusement atteint son deuxième anniversaire. Vous la considérez comme une nécessité actuelle, comme une assurance pour l'avenir. Ce qu'elle promettait dès le début elle a su le réaliser en partie : elle a fondé son école du soir. Elle ne s'arrête pas aux manifestations capables de captiver l'attention des lettrés, des hommes qui se sont formés par l'étude et qui ont la noble ambition de faire connaître leurs talents. Elle enseigne, prouvant ainsi que le meilleur moyen de servir l'humanité, c'est de l'éclairer en glorifiant les grands actes accomplis dans le passé et en provoquant les nobles initiatives au profit des générations futures. La lumière passe par l'intelligence pour aller vivifier toutes les faces de l'entendement. Les actes d'héroïsme et de sublime abnégation forment l'éducation des peuples qui lisent l'histoire, « ce miroir des nations et des événements. » C'est avec raison que vous estimez la fondation de notre école comme l'acte le plus important que nous ayons accompli depuis notre séance solennelle du 17 Janvier 1892. Notre appel aux ouvriers n'a pas été vain. Il est consolant de voir des hommes, déjà entrés dans une vie de luttes et de fatigues, venir ici chercher leur récréation dans la lecture, l'écriture et le calcul. Il est encore plus consolant de les voir chercher à connaître leurs obligations et leurs droits comme citoyens d'une république libre et indépendante.

Nous avons compris de bonne heure que pour arriver au résultat désiré il fallait utiliser toutes les bonnes volontés. Dans cette ligue incessamment ouverte, la qualité de membre de notre Association ne confère pas seule à nos yeux le titre d'élu. Toutes les influences acquises par une existence honorable nous ont paru propres à être mises à contribution afin de solliciter un mouvement décisif. Un homme qui a su trouver une honnête aisance dans un labeur opiniâtre et qui s'est distingué dans la pratique de son art ou de son métier, occupe dans le monde une situation qui fait de lui un patron, un conseil. Il ne refusera jamais son concours à celui qui veut servir les intérêts de tous; car il comprend que le meilleur moyen d'aplanir les difficultés, c'est d'associer toutes les forces, toutes les intelligences, en vue d'assurer la vraie solidarité. Nous nous sommes donc adresssés aux principaux artisans pour leur demander d'engager à suivre nos leçons les jeunes hommes à qui ils procurent de l'ouvrage. Déjà nous savions que le peuple ne demandait qu'à travailler, Mais dès ce moment nous avons été à même de constater que le bon levain manipulé par les citoyens bien pensants avait tout mis en fermentation dans les classes ouvrières. Ce phénomène, si vous le voulez, loin de se ralentir, se développera.

Beaucoup d'hommes sont venus s'inscrire, nous croyant sincères. De toutes parts on nous adressait des paroles fortifiantes. La main de l'ouvrier est loyale. Eh bien, cette main nous était tendue en signe de remercîment. Nous avions le principal, la volonté; mais l'accessoire qui fait la concurrence au principal pour tenir la première place après l'époque de création se montrait capricieux. L'argent nous manquait. Nous avions un local, mais point de matériel. Les élèves inscrits se présentaient, il fallait ouvrir les cours. Nous avons commencé l'enseignement, et presque tous nous écoutaient — debout. — C'est alors que le Ministère de l'Instruction publique nous est venu en aide en nous donnant cinq bancs, un tableau noir et vingt-quatre tableaux delecture. Des amis généreux, tels que Messieurs Théodore Brisson et Horel Bayard, nous ont offert des cahiers d'écriture et des spécimens de livres de lecture. Nous avons fait le reste. A côté des noms des bienfaiteurs de l'œuvre, nous sommes heureux de porter ceux de Messieurs Dulciné Jn. Louis et Dantès Fortunat. Le premier nous a envoyé quelques exemplaires de son intéressant manuel d'agriculture à l'usage du cultivateur haïtien, le second nous a fait don d'une carte de l'île d'Haïti. Les frais du luminaire ont été assurés pendant les deux premiers mois par un don gratuit de Messieurs Auguste Martelly et Arnil Saint-Rome. Nous avons vécu ainsi jusqu'au jour où le corps législatif nous a voté une subvention de $ 150.

Il ne nous suffisait pas de faire lire et écrire dans le silence, une ouverture solennelle était nécessaire après plusieurs jours d'essai. La bénédiction de Dieu fut appelée sur notre œuvre, et les paroles prononcées, le 2 mai, par le curé de Saint-Joseph, sont d'accord avec les principales lignes de notre programme. M. Théophile Martin, qui se montre partout où il s'agit de faire prévaloir la grande idée de l'enseignement populaire, a aussi parlé officiellement, ce jour, au nom du conseil d'inspection. Entrés en action, au milieu d'une telle explosion de sympathie, notre lendemain paraissait certain.

Nous avons inauguré nos leçons publiques par des conférences qui attiraient, chaque soir, dans notre salle, un nombre considérable d'auditeurs. Mais nous n'avons pas tardé à reconnaître que notre mode d'enseignement n'était pas le meilleur que nous pussions adopter. Tandis que quelques maîtres ouvriers, que quelques jeunes officiers de l'armée se laissaient aller jusqu'à l'exaltation, quand nous faisions passer sous leurs yeux les figures illuminées de 1804, les ouvriers obscurs, ceux qui ne savent ni lire ni écrire, désertaient notre salle, et nos bancs s'éclaircissaient chaque jour davantage du côté où ils avaient l'habitude de se grouper. Ce fait était de nature à frapper notre attention et à nous suggérer des réflexions amères. L'enthousiasme à peine allumé se serait-il éteint chez nos bons ouvriers? Seraient-ils fatigués d'entendre parler du passé et des espérances des patriotes? Auraient-ils conscience de l'infériorité des générations présentes en face de ces hommes plus que géants qui, dans un jour de sainte colère, ont fait voler en éclats les débris du monde colonial? Toutes ces questions se pressaient dans notre esprit. Déjà commençait à souffler sur nos rêves le vent froid de la désillusion. Il y avait pourtant un bien immense à faire. L'amour du devoir nous relevait sans cesse de cet état d'abattement qui semblait présager la ruine de toutes nos conceptions. La disparition de l'école aurait été l'atrophie inévitable de l'Association. La saison était mauvaise, nous mîmes à la charge d'un temps pluvieux l'abstention des élèves auxquels nous tenions le plus. Mais c'était une légère compensation au mal moral qui nous torturait. Enfin, à force de méditations, nous avons reconnu que trop peu d'heures par semaine étaient consacrées aux éléments de la lecture, du calcul et de l'écriture. Nous avons donc modifié notre plan d'études et, dès lors, nous avons obtenu des résultats plus satisfaisants. L'expérience faite ici nous a clairement démontré qu'il ne suffit pas d'être bien intentionné pour réussir. Il faut encore s'évertuer à se mettre à la portée de ceux que l'on veut instruire. Cette expérience est bien applicable au milieu plus vaste où se meut le peuple haïtien. Les plus saines théories soutenues à la tribune et dans la presse tombent sans effet sur l'âme de la foule qui n'a pas été préparée à les entendre. C'est en vain qu'on lui parle de liberté, de droits sacrés, inaliénables et imprescriptibles; c'est en vain qu'on lui parle de civilisation, de la nécessité de renoncer aux fausses doctrines, si on ne l'a pas initiée aux connaissances qui ouvrent l'intelligence aux grandes idées. Vous traverserez les mers pour aller chercher les lois les plus protectrices, les institutions les plus sages; vous n'aurez rien fait, si les citoyens à qui vous les offrez ne sont pas capables de lire ces lois, encore moins de comprendre ces institutions. Tous les jours, n'entendons-nous pas ces accusations qui pèsent sur les hommes d'État haïtiens? Ne dit-on pas à tout propos qu'ils sont égoïstes, qu'ils trompent le peuple? Cependant, on n'est pas quitte envers le peuple une fois qu'on a injurié ceux-là qu'on lui désigne comme ses pires ennemis. Prouvez-lui, en le servant, que vous n'aspirez pas à le dominer à votre tour.

C'est une souveraine injustice que de rendre les hommes politiques seuls responsables du déplorable état de choses que nous constatons.

Les grands pouvoirs de l'Etat ont pour principale attribution de donner le branle aux idées d'ordre et de progrès; mais tous les citoyens éclairés doivent aussi quelque chose à la communauté. Ils sont appelés à s'organiser en vastes associations pour appliquer les idées qu'ils préconisent. Ils seront certes écoutés, s'ils ont sur les lèvres et dans le cœur cette chaleur de conviction, cette force d'âme qui commande le progrès et qui le réalise. Il n'est pas nécessaire que l'on soit au timon des affaires publiques pour mériter quelque attention, car ce n'est pas le pouvoir qui confère l'autorité. Le pouvoir est un moyen puissant. Mais l'autorité que l'homme tient de ses mœurs et de ses principes est un privilège inhérent à son caractère. Elle vient avant le pouvoir et lui sert de guide.

Il restait un autre inconvénient tout aussi grave que le premier. L'enseignement mutuel, si fructueux dans des classes nombreuses composées de commençants, ne pouvait pas être appliqué, pour le motif que les livres de lecture n'étaient pas les mêmes. Dans une même division, les modèles d'écriture varieraient également d'un cahier à l'autre. La présence de plusieurs professeurs étaient donc indispensable. Nous étions obligés de nommer des élèves-répétiteurs qui nous aidaient à cette tâche si délicate. Les plus jeunes étaient les plus avancés, et les plus âgés éprouvaient une sorte de répugnance à se laisser conduire par des jeunes gens à qui il manquait sur eux de l'ascendant. Les définitions trop abstraites rebutaient ceux-là qui n'avaient pas eu dans leur enfance le bonheur de s'asseoir sur les bancs. Les exemples puisés dans les livres destinés aux premiers âges ne sont point en rapport avec la tournure d'esprit de ces hommes que les fables n'amusent point.

Les élèves professants, malgré leur bon vouloir, étaient insuffisants à la tâche. La mission était bien au-dessus de leur compétence. L'expérience des membres de l'Association pouvait seule obvier aux difficultés qui se multipliaient. Il a fallu se passer des livres, trouver des exemples dans les faits contemporains, dans notre histoire nationale. Des phrases courtes, dictées au tableau, fixaient l'attention sur le mouvement de notre nationalité marchant vers l'avenir, surtout sur ce passé plein de scènes émouvantes qui ont fait d'un troupeau d'esclaves une légion de souverains tuant l'oppression et ressuscitant le droit sous le ciel des Antilles. C'est ainsi que nous enseignons la langue française aux descendants des esclaves. Nous visons moins à faire des stylistes charmants que des hommes qui se serviront plus tard de la plume et de la parole pour traduire leurs idées, conformément au caractère qui les rapproche de leur origine et du rôle qu'ils sont destinés à remplir dans leur pays. La littérature ne doit pas être seulement un ornement de l'esprit, une étiquette enjolivée qui ouvre les salons où l'on fait de l'érudition pour le plaisir des dames. Ce genre de littérature, il est vrai, polit les mœurs et développe le sens du beau, mais ce n'est pas elle qui crée les races fortes et qui inspire l'amour de la patrie. Pour qu'une littérature soit utile à ceux qui ont besoin de notions indispensables, il faut qu'elle soit l'écho de leurs sentiments; il faut que dans leur intelligence elle soit le reflet des objets qui les entourent. Avant d'apprendre les hauts faits d'Annibal ou du général Hoche, le pacificateur de la Vendée, l'Haïtien doit savoir qu'en 1492 Christophe Colomb découvrit l'Amérique, et qu'en 1793 la liberté générale fut proclamée à Saint-Domingue.

Nous accordons autant d'heures aux sciences mathématiques qu'au français, et le calcul oral occupe une large place dans notre enseignement. Puisque nous voulons mettre l'ouvrier en mesure de tirer le plus de profit possible de son métier; puisque chaque jour il a des fournitures à acheter pour alimenter son industrie, il importe qu'il sache calculer vite et ses dépenses et ses recettes. Est-il charpentier, il doit pouvoir dire, à celui qui l'appelle pour la construction d'une maison, combien de matériaux seront employés dans cette construction, d'après le plan qu'il a sous les yeux. Le manque des connaissances nécessaires fait souvent perdre à l'ouvrier haïtien des entreprises importantes qui contribueraient à améliorer son sort. Les ridicules préjugés ont fini par briser ces liens de confraternité qui autrefois unissaient les hommes d'une même profession. L'apprenti, encore incapable d'arriver à la pratique, se montre impatient d'une tutelle bienfaisante et se décerne à lui-même un brevet de maître. Par une indépendance prématurée commence la longue série de ses malheurs. Un propriétaire l'appelle sans l'intermédiaire d'un architecte. Mis à l'œuvre, il se trouve bien au dessous de ses prévisions et la dépense est doublée. On doute de sa franchise et demain on refusera de lui confier de l'ouvrage. Il marchera de déception en déception. Il ne sait pas poser le chiffre, de là partent ses mécomptes; mais il s'en prend plutôt à une concurrence déloyale. Il maudira son métier, et se jettera dans la première émeute qui lui promettra l'aisance sans travail. Il y a de ces causes cachées de troubles civils que beaucoup ne se donnent pas la peine de chercher et qu'il serait cependant facile de détruire avec un peu de bonne volonté. Autant que possible, nous nous appliquons à dicter à nos élèves des problèmes dont la solution leur paraît difficile et qui pourtant ne roulent que sur les quatre règles. Ils y prennent d'autant plus de goût qu'il s'agit de leurs professions. Nous espérons que nous obtiendrons le même résultat dans l'enseignement du dessin géométrique. Dans l'état actuel de l'industrie, le dessin est indispensable à l'ouvrier. Ça éveille sa curiosité et son esprit d'invention. C'est l'art qui ennoblit les métiers. L'ouvrier qui sait reproduire les lignes d'une gravure aspire à devenir architecte. Il devra son avancement et sa fortune à son amour-propre. Il sera fier de faire de ses enfants des ouvriers, car il a la conviction que son métier, honorable à ses yeux, ne sera pas avili dans les mains des siens. Nous ne nous arrêterons pas au tracé des lignes, nous irons jusqu'au dessin d'ornement, si votre concours, Mesdames et Messieurs, ne nous fait pas défaut. Prouvons à tous que l'on peut faire du bien au peuple sans le précipiter dans les horreurs de la guerre fratricide. Disons-lui qu'il trouvera la garantie de son indépendance dans la sûreté de ses goûts et dans la force de ses muscles.

L'enseignement primaire, pour être utile, doit comporter toutes les matières indispensables. La civilisation moderne a élargi le cadre des connaissances humaines. Un programme d'études, quelque élémentaire qu'il soit, comporte des points importants qu'autrefois on réservait pour l'enseignement secondaire, même supérieur. Aujourd'hui, partout en Europe et dans les Etats-Unis de l'Amérique du Nord, des savants fondent des associations populaires pour entretenir les classes ouvrières des merveilles de la science et des découvertes nouvelles. Il est vraiment admirable de voir des hommes qui ont consacré toute leur vie aux recherches scientifiques, se mettre à la portée des illettrés pour leur expliquer ce qu'ils ne pourraient apprendre qu'après de nombreuses années d'épreuves. Puisque l'homme ne doit rien ignorer de ce qui est dans la nature, puisqu'il est né dans la société de ses semblables et qu'il a des rapports avec tous, c'est le mettre à la portée de ses obligations et de ses droits, c'est l'élever à la hauteur de sa destinée que de lui faire toucher du doigt chaque chose. Les pédagogues et les politiques l'ont si bien compris qu'ils ont fait entrer dans l'instruction élémentaire les leçons de choses sous le titre de connaissances usuelles. On enseigne ces connaissances aux enfants comme préparation à la vie pratique. Si, nous aussi, nous avons adopté ce plan d'études, ce n'est pas pour charmer les loisirs de l'ouvrier, c'est plutôt pour l'aider à tirer profit des obstacles qui l'enserrent. L'homme d'État gouverne avec les difficultés, et, à défaut de pouvoir supprimer l'opposition qui est une manifestation de la liberté, se sert de l'opposition comme d'un moyen de gouvernement. Eh bien, l'ordre politique a bien des points de contact avec l'ordre naturel.

Dans l'ordre naturel l'homme est toujours en action, mais pour que ses forces ne soient pas inutilement dépensées, il faut que chacun de ses efforts le rapproche du but. Vivre c'est lutter ; la bonne lutte consiste à voyager à travers les obstacles. Mettez l'ouvrier en mesure de bien connaitre la nature des matériaux qu'il emploie. Qu'il sache calculer les lois de la pesanteur et de la résistance, il sera persévérant ; il dirigera ses connaissances vers un but et n'acceptera pas qu'on le mène au hasard.

Il est de la condition humaine de marcher au progrès en questionnant toutes les ressources de la nature. Cette obligation n'est pas faite à quelques hommes, mais à l'homme. Les choses ont été si bien combinées dès le principe, qu'il n'a pas été donné à un seul individu de fonder la société. Et dans la suite des temps, lorsqu'un homme de génie surgissait d'un événement pour accomplir une besogne politique ou sociale, il n'était que le facteur conscient trouvé par son époque.

A part ces connaissances qui ouvre l'intelligence à la perception des choses extérieures, nous avons introduit la morale dans notre programme. Il ne suffit pas pour être honnête que l'homme sache plier la matière à ses goûts. Savoir écrire et calculer ne donne pas une règle de conduite Le cœur a des besoins qui ne trouvent leur légitime satisfaction ni dans les travaux scientifiquement exécutés, ni dans la fortune acquise dans un court espace de temps. Lorsqu'elles sont l'unique objet des préoccupations, ces choses, utiles sans doute et que l'on perd rarement de vue, alimentent l'égoïsme et entretiennent dans la société une guerre implacable où les plus habiles, les plus rusés l'emportent en dépit du bon sens. Ce qui fait la civilisation, cette civilisation digne de résister aux assauts de la barbarie et d'occuper une page dans le livre de la postérité, ce ne sont pas les monuments que le voyageur rencontre sur sa route; c'est au contraire l'harmonie des droits consolidée par la raison et la pratique de la justice.

La Justice! toutes les revendications l'ont arborée comme un drapeau Cette idée est si juste qu'elle est pour chacun un sentiment. D'où vient cependant que, malgré ce sentiment qui frissonne dans l'âme universelle des peuples, il y a toujours parmi les nations des Etats écrasés sous le poids de la force extérieure triomphant du droit? D'où vient qu'il y a, au sein même des nations, des citoyens qui subissent toutes les spoliations, toutes les humiliations, au nom d'une prétendue loi de conservation, loi qui ne trouve sa source nulle part, si ce n'est dans l'appétit de quelques insatiables? C'est que chacun réclame pour soi sans avoir souci de ce qu'il doit aux autres. Le peuple haïtien, quoique faible par le nombre, résistera à toute nation qui tentera de lui ravir sa liberté. Il est jaloux de son indépendance, il veut transmettre embelli à la postérité l'héritage de ses immortels aïeux. Pour que ce généreux élan soit maintenu haut, entretenons son énergie. Disons-lui qu'être injuste envers un homme, quelque infime qu'il soit, c'est affaiblir le ressort qui associe toutes les forces, c'est faire brèche au pacte social. En parlant à l'ouvrier de ce qu'il se doit à lui-même, nous lui disons aussi ce qu'il doit à ses semblables. Il demeurera convaincu que sa science le mettra en évidence et que sa probité assurera son crédit.

Malgré les nombreuses leçons roulant sur ses devoirs envers lui-même et envers les autres hommes, il céderait souvent au désir d'assurer son bien-être en froissant les intérêts d'autrui, si nous ne donnions comme couronnement à nos dissertations cette idée qui prime toutes les autres et qui est la dernière espérance: l'idée de Dieu.

Vous voyez, Mesdames et Messieurs, que nous travaillons à relever sa condition en lui inculquant les notions les plus propres à faire de lui un des plus fermes soutiens de la patrie, un des défenseurs les plus fervents de la stabilité sociale.

Nous n'entendons pas, après l'avoir ainsi préparé à son rôle d'homme, lui laisser le soin d'arriver, à force de lectures, à découvrir les lois de la production. Nous tenons aussi à lui faire de nombreuses leçons sur l'économie politique. A aucune époque l'artisan ne s'est livré à autant d'efforts pour faire reconnaître ses droits. Il vise même à la suprématie. Cette fièvre du mieux qui l'agite le pousse à des actions souvent sanglantes qui inspirent de justes craintes à l'ancien continent. L'ouvrier haïtien sachant lire s'abonnerait plutôt à ces organes de publicité qui reproduisent les doléances de l'ouvrier européen. En le faisant, il obéirait à une sympathie que justifierait sa condition. On serait en droit de nous dire que nous avons éveillé dans notre pays un instinct malfaisant et contribué à propager l'instruction rien que dans le but d'amener une regrettable confusion. Nous aimerions mieux disparaître avec notre œuvre plutôt que d'aggraver le péril que nous voulons conjurer. Nous avons institué une chaire d'économie politique pour parler à l'ouvrier de la noblesse du travail manuel, pour lui dire que dans le monde social le travail est une jouissance puisqu'il crée l'indépendance individuelle, pour lui répéter que la base de la propriété c'est le travail. Il apprendra à compter plutôt sur ses efforts que sur la libéralité d'autrui. Quand on l'entretient sans cesse de la production, de la répartition et de la consommation des richesses, il est encouragé à faire mieux. Il appréciera les avantages de l'association. Il saura que s'associer à d'autres hommes pour produire ce que ne sauraient fournir plusieurs individus isolés, c'est être prévoyant. Il saura qu'il est plus prudent, plus fructueux de s'associer pour développer une industrie que pour tenter un coup de main qui consommerait la ruine de ses concitoyens. Nos pères se sont unis pour renverser un ordre de choses inique, pour créer le travail libre. Nous devons nous associer pour acclimater le bien-être sur ce sol qu'ils nous ont légué. Le grand acte qu'ils ont accompli a donné une solution plus rationnelle à la question économique. La suppression de l'esclavage a rendu nécessaire l'emploi des machines et les machines ont centuplé les forces.

L'année dernière, quelques artisans ont demandé aux Chambres une scierie à vapeur. Espérons que leur vœu sera rempli et que des ouvriers exerçant d'autres professions que celles de charpentiers et de menuisiers sentiront la nécessité de se procurer en commun d'autres instruments tout aussi indispensables. Grâce à cette science, qui démontre la nécessité de l'association et de la division du travail, l'aisance pourra bientôt s'asseoir à tous les foyers. Et, pour habituer nos élèves à l'épargne, nous nous proposons de créer pour eux une caisse où, chaque semaine, ils pourront déposer leurs faibles économies. Le directeur de cette caisse sera un ouvrier élu par eux, et le produit sera, à la fin de chaque trimestre, versé à l'école professionnelle qui leur assurera un intérêt. Dans ce but, nous nous entendrons avec la nouvelle association. Et, comme pour jeter les bases d'une société de secours mutuels, nous demanderons à chacun de nos élèves deux centimes par semaine. Nous commanderons, cette année, une pharmacie où, avec le secours des hommes de l'art que nous comptons dans nos rangs, nous pourrons distribuer les médicaments à tous ceux qui viennent régulièrement suivre nos cours. Nous les recommanderons au Gouvernement et à nos amis qui ont des travaux à exécuter.

Le développement de ces questions d'ordre moral et économique nous amène nécessairement à aborder le droit usuel. L'ouvrier est fier de son titre de citoyen : il importe qu'il sache que c'est la réunion des droits civils et des droits politiques qui constitue cette qualité. En commentant publiquement devant lui l'article 11 du code civil, on lui ouvre un horizon bien vaste vers lequel il marchera d'un pas sûr. Il possède des droits; on les méconnait quand il en néglige l'exercice, il est puni quand il en abuse. Son existence ne sera qu'un tourment s'il ne se souvient pas que le droit est le moyen d'accomplir le devoir; s'il ignore que tous les citoyens sont égaux devant la loi et que la loi les protège tant qu'ils sont sages. Il est imposé une limite à la liberté, et cette limite se trouve dans le respect de soi-même et dans l'observance des égards dus aux autres. Il côtoie un abîme qui cache à ses yeux la perte ou la suspension de sa qualité de citoyen, que son œil soit droit, il évitera la chute. La force publique ne sera pas toujours armée contre lui, et il n'aura pas l'occasion de protester contre des vexations de la part des agents de police. Celui qui est souvent en faute se trouve constamment sous le coup d'une prévention qui gène de plus en plus sa liberté et qui l'excite à la révolte. Quand les hommes qui sont dans cette condition sont nombreux, on peut dire que la société est en péril.

Qu'il apprenne que le droit civil lui-même se divise en droit de famille et en droit de propriété. Il a une compagne qu'il aime et qui partage ses travaux; il saura que le mariage est pour elle une garantie. Il aura la certitude que mourant demain, laissant cette femme à un âge avancé, la misère ne l'aura pas remplacé au foyer. Un héritier sans cœur ne viendra pas dire à cette malheureuse : « Rendez-moi ces outils qui ne vous appartiennent pas, sortez de ce logis que vous avez contribué à acheter, mais sur lequel vous n'avez aucun droit ». Même après une jeunesse frivole, il se rappellera qu'il lui reste encore une ressource pour réparer quelque peu ses imprévoyances : la donation entre vifs ou testamentaire. Il saura pour quel motif nos pères ont donné à la propriété immobilière le caractère d'un droit politique. Il comprendra que cette exclusion proclamée par le premier constituant haïtien en faveur des indigènes n'était pas inspirée par la haine, mais bien par les nécessités du moment. Le système colonial pivotait sur l'esclavage, l'esclave était considéré comme une chose, immeuble par destination. Devenu libre au prix de bien grands sacrifices, il était juste qu'il eût la propriété exclusive du sol. Il reste à l'ouvrier haïtien, agriculteur ou artisan, à mettre la terre en valeur. C'est pour cela que la constitution de 1805 proclamait l'obligation du travail manuel. Quand on considère bien les choses, on voit que l'homme est tout entier dans la propriété. Par la pro priété mobilière il est de tous les climats et de tous les pays ; mais ce qui l'attache au lieu qui l'a vu naître, c'est la possibilité d'être propriétaire d'une parcelle de terre. Le souvenir de son père et de sa mère, l'affection de ses enfants, achèveront de l'intéresser au sort de sa patrie.

La diversité des rôles établit l'harmonie. Tous contribuent à la prospérité de la République, mais chacun dans une sphère différente. Il faut que quelques-uns soient préposés à l'administration des intérêts communs. Mais dans une République démocratique, ceux-là ne choisissent pas leur rôle comme étant la part la plus légère et la plus lucrative. Ils ne transmettent pas leurs attributions comme un droit de famille, comme un titre de propriété, à leurs descendants. On ne destine pas une catégorie d'hommes, en raison des antécédents de leurs ancêtres, à une branche déterminée à l'exclusion de tous les autres. Tous sont classés, sans acception de personnes, d'après leurs aptitudes. C'est pourquoi l'élection est la base du système politique. Il est important que tous les citoyens comprennent ce système. L'étude du droit public est donc un point capital qui devait naturellement figurer dans notre programme. Il ne faut pas que les époques de campagne électorale, loin d'élever les esprits à la hauteur d'un principe, soient des époques de dissipations où les idées sont sacrifiées aux personnes, l'amour du bien à une popularité de mauvais aloi. Instruire tout le monde, c'est moraliser le suffrage universel. Nous entendons dire souvent que cette institution n'a pas sa raison d'être en Haïti, qu'elle est plutôt une cause de trouble et de corruption. On oublie donc qu'elle est une conquête dont le peuple est jaloux et que le peuple ne renonce pas à ses conquêtes! Le suffrage universel n'est pas un mal, il révèle l'existence d'un mal: l'ignorance.

Le pouvoir est au peuple, c'est lui qui en délègue l'exercice. Si vous supprimez le vote, vous retournerez au gouvernement absolu d'un seul. C'est ce que vous ne voulez pas, et vous avez raison. Mais le gouvernement d'un seul est-il plus funeste que celui de tous là où tous n'ont pas une volonté éclairée? se demandent quelques publicistes. En répandant la lumière, vous vous rapprochez de l'idéal entrevu par Alexandre Pétion, le fondateur de la République.

Une fois que le peuple sera convaincu que c'est par son suffrage qu'il délègue ses prérogatives, il saura aussi que la constitution de son pays, votée par ses représentants, a établi la division des trois pouvoirs qui garantissent le libre jeu des institutions. Il entourera les dépositaires de la puissance publique de tous les honneurs qui leur sont dus, il verra dans les fonctionnaires des administrateurs responsables, nommés par un citoyen revêtu de la confiance nationale, pour être sorti de l'élection.

Nous expliquons aussi l'obligation du service militaire à ces soldats qui viennent suivre nos leçons. Nous leur disons que l'armée est une école où toutes les classes se confondent sous les plis d'un même drapeau en vue de la défense commune. Nous leur disons que le nord, le sud et l'ouest sont des points géographiques qui divisent le territoire au point de vue administratif, mais qui ne divisent point les citoyens, et que lorsqu'il va en garnison, le soldat qui sait lire entreprend un voyage d'observations. Nous leur disons qu'il n'y a point de différence entre le citoyeu et le soldat, et que l'obligation du service militaire, faite à tous, découle du système démocratique.

Voilà, Mesdames et Messieurs, le programme que l'Association du Centenaire de l'Indépendance nationale a adopté après de mûres délibérations. Nous espérons que vous ne l'aurez pas trouvé trop étendu. Toute la question sociale s'y trouve. Nous nous adressons à des hommes qui vivent dans une société dont l'origine a été souillée par l'esclavage, et qui sont appelés à être d'autant plus forts, d'autant plus moraux, qu'on les croit incapables de hautes aspirations et de sublimes pensées. Plus tard, si nos ressources nous le permettent, nous établirons des écoles du soir dans la banlieue, dans plusieurs quartiers de la ville. Puisse ce mouvement gagner tous les autres points de la République !

Non ! Haïti ne sera point une déception pour les philanthropes qui lui ont prédit un brillant avenir. Elle placera à côté de ses grands hommes ces amis de l'humanité qui ont consacré leur carrière d'écrivains à la défense des opprimés. Et celui d'entre ces apôtres qui vient d'entrer dans la plénitude de la gloire, Victor Schœlcher, applaudira encore dans sa sereine immortalité aux efforts, au triomphe de la race noire réalisant le rêve des penseurs et des hommes d'action qui l'ont émancipée.

V

LIBERTÉ

Mesdames,

Messieurs,

Tous les faits accomplis dans l'histoire de l'humanité n'offrent pas un égal intérêt. Quelques-uns restent enfouis dans l'oubli, et s'il arrive quelquefois qu'on les exhume pour satisfaire l'érudition, ils demeurent sans utilité pour les peuples, car il n'en sort aucun enseignement sérieux. Il en est d'autres au contraire dont l'imposante physionomie fixe l'attention des générations qui se succèdent parce qu'ils sont des souvenirs réconfortants, parce qu'ils écartent le voile de l'avenir et fortifient l'espérance. Le grand événement dont nous venons célébrer le 101e anniversaire est un de ces faits que l'on rappelle dans l'exaltation de la joie et qui jettent un jour éclatant sur une époque fameuse.

Vous vous demandez sans doute si l'Association du Centenaire peut être joyeuse quand elle a un deuil récent à respecter; vous vous demandez sans doute s'il est séant qu'elle soit en fête au moment où la tombe vient de se refermer sur les restes de Robert Geffrard. Mais il y a de ces morts que l'on ne pleure pas dans le silence. Dans les occasions solennelles on évoque leur souvenir pour mieux rendre hommage à leurs talents, à leurs vertus.

Robert Geffrard aimait sincèrement sa patrie. D'une nature extrêmement sensible, artiste par toutes les fibres de son âme, il a consacré ses plus beaux chants aux valeureux martyrs dont nous sommes les fils. C'est pour saluer sa mémoire que nous allons tout à l'heure entonner en chœur cet hymne qui immortalisera son nom : « Hommage à mon pays ».

L'histoire de ce pays est dans ses premières pages mouillée de larmes et de sang. Elle a des feuillets enflammés qu'on ne tourne pas sans une pénible sensation. Mais il faut lire le livre. C'est le récit d'une vie de luttes, luttes prodigieuses, d'où sont sorties l'indépendance et la liberté.

En assistant à la représentation des deux drames de notre jeune et distingué poète Massillon Coicou, vous allez faire cette lecture. Déjà vous avez entendu *l'Oracle*, nous vous le redonnons pour faire revivre la période indienne presque oubliée. Puis vous entendrez pour la première fois *Liberté* (*).

(*) Dix ans après, ce drame devait être reproduit sur une scène plus vaste, à Paris.

... Il y a quelque temps, dit *l'Echo du 19e arrondissement*,

On pense, étonné, à ce qu'il a fallu de luttes et d'essoufflements pour faire triompher à Saint-Domingue cette devise: Etre juste envers tous. Depuis l'ouverture des hostilités les esclaves n'avaient qu'un cri: vivre libres ou mourir. Au milieu des hésitations de l'autorité exécutive un homme que guidait le sens du juste et du vrai, Sonthonax, a comblé leurs vœux le 29 août 1793. Il a proclamé sous l'œil de Dieu et en face des nations la liberté générale des esclaves. La race noire relevée de sa déchéance doit à Sonthonax une impérissable reconnaissance. D'autres, moins sincères que l'illustre philanthrope, ont voulu remettre l'esclave sous le joug. L'esclave a résisté et à la liberté l'esclave a ajouté l'indépendance.

Mesdames et Messieurs, l'Association du Centenaire en vous remerciant d'être venus ce soir l'encourager par votre présence, vous prie de lui accorder toujours votre bienveillante sympathie.

29 août 1894

---

grand émoi dans les coulisses du paisible théâtre CLUNY, émoi qui transpirait au dehors, un drame intitulé : *Liberté*, allait être joué à ce théâtre et on lui prédisait un immense succès. Pourquoi? Parce que ce drame était écrit en purs alexandrins et, ainsi que le faisaient remarquer nos confrères, c'était l'œuvre d'un... nègre.

Autre particularité à noter en cette circonstance, cette pièce portait en elle cette originalité, qu'elle ne comptait qu'un seul personnage féminin et la propre fille de l'auteur... une négresse allait remplir ce rôle. Qui était ce nègre? L'ancien secrétaire de la Légation d'Haïti à Paris. Son nom? M. MASSILLON COICOU. — M. COICOU est, en effet, un des poètes les plus distingués d'Haïti, un vrai poète qui a le don de communiquer à ses vers tous les sentiments de son âme de patriote; en outre il s'exprime dans un langage presque académique. L'auteur de *Liberté* a enrichi le Parnasse haïtien de nombreuses pièces de vers fort goûtées du monde intellectuel d'Haïti et dont la plupart ont été publiées dans la « FRATERNITÉ »...

G. FABIUS DE CHAMPVILLE.

(« L'Echo du 19ème Arrondissement », jeudi, 26 janvier 1905).

III

REORGANISATION

I

Port-au-Prince, le 1er Janvier 1903.

Monsieur le Ministre,

Un « Comité d'initiative », formé de Messieurs Justin Dévot, Ducasse Pierre-Louis, Frédéric Doret, Victor Lamour, Louis Midouin, Justin Lhérisson, Dantès Bellegarde, Félix Magloire, et moi, vient de se constituer, sur ma proposition, afin d'organiser une grande réunion où l'on s'occupera d'établir sur des bases pratiques, proportionnées à la situation actuelle du pays, le cadre d'une manifestation qui puisse caractériser, d'une façon à la fois digne et modeste, la célébration du Centenaire de notre Indépendance nationale.

Ratifiant mon choix personnel, le comité vous prie de bien vouloir accepter la présidence de cette réunion générale, considérant sa demande comme un hommage rendu au zèle patriotique dont vous avez fait preuve dans la direction du mouvement initial d'où naquit l'Association du Centenaire.

Pressés par le temps, nous vous serions reconnaissants de nous faire connaître, le plus tôt possible, le jour et l'heure où les obligations de vos hautes fonctions ministérielles vous permettront de combler notre attente.

Veuillez agréer, Monsieur le Ministre, l'expression de nos sentiments sympathiques et dévoués.

Pour le Comité d'initiative :

Le promoteur délégué,

BENITO SYLVAIN,

Officier de la marine haïtienne,

Docteur en Droit de la Faculté de Paris.

MONSIEUR JÉRÉMIE,

Ministre des Relations Extérieures

de la République d'Haïti.

II

PROJET DE LOI

Sur l'Imposition temporaire du Tabac manufacturé et des Spiritueux à l'occasion du Centenaire de l'Indépendance Nationale

---

NORD ALEXIS

PRÉSIDENT D'HAITI,

Considérant qu'il y a lieu d'assurer, par une allocation spéciale, la participation officielle du gouvernement à la célébration du Centenaire de l'Indépendance nationale,

Sur le rapport du Secrétaire d'Etat de l'Intérieur,

Et de l'avis du conseil des Secrétaires d'Etat,

A proposé,

Et le Corps législatif a voté la loi suivante :

Art. 1er — Un crédit de *Trois cent mille dollars* (300.000) est ouvert au gouvernement pour couvrir les premiers frais nécessaires à la préparation du Centenaire.

Art. 2 — Cette somme sera principalement affectée à la construction de deux monuments commémoratifs, savoir :

Une Colonne, qui doit être érigée sur la place d'armes des Gonaïves ;

Un Hôtel en briques avec ossature métallique, destinés aux réceptions officielles et à l'installation d'un musée historique. Cet hôtel sera construit sur le terrain même où fut signé l'Acte de l'Indépendance et dont le gouvernement est autorisé à faire l'acquisition.

Une partie du crédit servira, en outre, à subventionner les œuvres qui se constitueront dans le but d'aider le gouver-

---

Projet présenté au gouvernement par le Ministre des Relations Extérieures.

nement à organiser sur tous les points du pays la manifestation morale du 1er janvier 1904.

Art. 3— Pour faire face à ces dépenses, il sera perçu, à titre temporaire, à partir de la promulgation de la présente loi jusqu'au 31 Mai 1904, un droit fixe de 10 % sur le débit du tabac manufacturé, et de 20 % sur la consommation des boissons alcoolisées.

Art. 4 — Un règlement d'administration publique déterminera le mode de perception du double impot ci-dessus spécifié.

Art. 5 — La présente loi sera exécutée à la diligence des Secrétaires d'Etat des Finances et de l'Interieur.

Donné, etc.

III

No 16 **Œuvre du Centenaire**

SOUSCRIPTIONS

Pour la célébration du Centenaire de l'Indépendance Nationale

---

Extrait de l'appel du Comité:

« Nous adressons au public cet appel qui, nous n'en doutons pas, en toutes les régions de la société, de ses sommets à ses couches les plus humbles, sera entendu et provoquera de sa part une coopération active à cette œuvre de reconnaissance et de réconfort — de reconnaissance pour les glorieux Ancêtres, de réconfort pour la nation ».

(Publié par le *Soir* et le *Nouvelliste* du 16 janvier 1903).

IV

Le caractère de T.-Louverture

Mesdames,

Messieurs,

La commémoration de nos martyrs est notre revanche dans l'histoire. En perpétuant le souvenir des grands hommes la reconnaissance des peuples achève la destinée de leurs idées. A la veille du Centenaire de notre Indépendance nationale, il est salutaire de ramener les esprits vers cette époque à nulle autre pareille, où des esclaves ont entrepris une œuvre politique étonnante, dépassant la conception des hommes d'Etat les plus illustres. Plusieurs conférences recomposeront devant vous ces imposantes figures. Vous verrez ce soir comment l'abjection s'est faite noblesse, comment Toussaint Louverture a coordonné, pour mieux les diriger, les forces disséminées autour de lui.

Ce n'est pas l'étendue du territoire qui fait les grands hommes, mais l'ampleur de vue et la puissance d'action. L'une et l'autre se trouvent incarnées au plus haut degré chez Toussaint. Les forts tempéraments brisent les obstacles et parviennent à l'autorité; mais, seuls, respectent la dignité du commandement ceux-là qui l'exercent au profit de la multitude. Il fallait un ordre nouveau, réclamé par la justice. Toussaint a eu cette idée, et il en a poursuivi la réalisation avec une constance héroïque. S'il n'offrait pas ce caractère il serait certainement un homme admirable par ses actions d'éclat, il ne serait pas dans tous les temps un modèle, un directeur. Ses talents militaires l'ont imposé à la France, son administration a révélé son génie. Ce qui fait de lui le précurseur de la démocratie haïtienne, le maître de tous les progressistes, c'est sa manière de comprendre le rôle du Pouvoir. Fonder l'ordre sur le travail, vouloir que l'homme des villes se charge de l'éducation des fils du paysans comme des siens, n'est-ce pas demander l'égalité? Aucun homme d'Etat avant lui n'avait fait de ce programme la boussole de sa vie. Ceux qui tranchent avec un ordre de choses mauvais ont des idées étranges, étranges à l'heure où elles éclatent, mais progressives aux yeux des générations futures.

La Révolution française a produit des héros, et, ce qui la rend plus glorieuse, elle a fait des hommes. Nul ne l'a mieux comprise que Toussaint. Toussaint a fait des affranchis des amis de la liberté générale. Il a réalisé le rêve des philanthropes, il a été à Saint-Domingue l'apôtre du Droit, la pensée de Dieu.

Messieurs, on exige des hommes publics, tant qu'ils s'essayent, la constance dans le but. On leur conteste le mérite quand ils arrivent au couronnement de leur carrière. Toussaint, tant de fois applaudi sur les champs de bataille, a connu cette heure sombre dès que la renommée lui avait fait un piédestal. Ce n'était plus un capitaine, mais un traitre. Il avait osé parler au premier consul «comme une majesté à une majesté». Il n'avait pas voulu accrocher son épée à cette panoplie où figuraient les armes des souverains prosternés aux pieds de Bonaparte. Il avait combattu pour la justice, il portait un idéal. Il voulait l'indépendance d'Haïti au profit des enfants de l'Afrique. S'il ne l'a pas faite, il l'a rendue inévitable.

La pesanteur d'un siècle n'a pas enseveli pour jamais dans le Jura l'émancipateur d'une race mutilée. Les sublimes desseins ne périssent pas. Cet homme sortit de l'antre obscure de l'esclavage pour monter, au bruit du canon, dans la clarté de la gloire. Et lorsqu'il eut parcouru « sa foudroyante carrière », le destin lui assigna pour suprême retraite un pays de montagnes. Il lui plaisait d'opposer au silence de la tombe les grands échos, afin que la liberté des noirs eût un perpétuel accent. Le siècle qui le vit mourir reçut de lui une mission : toutes les chaînes furent brisées. Cent ans après sa mort, saluons sa mémoire immortelle. Il est le fondement de l'édifice au fronton duquel brillent les noms à jamais bénis des héros de 1804. Sachons vouloir comme lui, et la patrie vivra.

7 avril 1903

V

PATRIE INDÉPENDANCE PROGRÈS

Le Conseil Administratif de l'Association du Centenaire de l'Indépendance Nationale d'Haïti

AUX POPULATIONS DE LA RÉPUBLIQUE.

Honorables Concitoyens et Concitoyennes,

L'Association du Centenaire de l'Indépendance Nationale, fondée solennellement en 1892, n'a jamais renoncé à l'œuvre patriotique qu'elle a entreprise de contribuer, avec les grands pouvoirs publics, à la préparation de la pompeuse fête commémorative du Centenaire de la fondation de l'Indépendance Nationale, proclamée le 1er Janvier 1804, sur la place d'armes des Gonaïves. Elle poursuit consciencieusement, sans ostentation ni défaillance, l'accomplissement de cette œuvre sublime. L'Association a réformé son Conseil d'administration, présidé maintenant par le citoyen Septimus Marius, dont l'activité et l'énergie, secondées de toutes les bonnes volontés, faciliteront assurément la réalisation de l'importante mission qu'elle s'impose.

La grande et principale chose dont le peuple haïtien a le plus besoin, en ce moment, c'est la paix, une paix réelle, durable et féconde, qui assure d'avance l'entier succès de la prochaine célébration du Centenaire de notre Indépendance. Il est bon que le public connaisse les déclarations de principes patriotiques qui servent de gouverne au Conseil d'administration de l'Association du Centenaire. Puissent-elles mériter l'approbation de tous les esprits conciliants et répercuter, dans toutes les couches sociales, l'écho sonore des bienfaits de la paix et de l'union!

Port-au-Prince, le 23 Avril 1903.

VI

PATRIE INDÉPENDANCE PROGRÈS

L'Association du Centenaire de l'Indépendance Nationale
Fondée en 1892

Port au-Prince, le 16 Avril 1903

Cher et estimable concitoyen,

L'Association du Centenaire, en sa séance d'hier, a unanimement fait choix de vous pour être son Président. Cette haute marque de confiance dont vous avez été l'objet de notre part, vous vient surtout de votre conduite toujours correcte.

Nous vous avons vu à l'œuvre et nous savons pouvoir compter sur votre énergie autant que sur votre intelligente collaboration. C'est pourquoi, au moment de nous mettre consciencieusement à la tâche pour la célébration du Centenaire de notre Indépendance, nous avons pensé à vous et avons fait appel à votre patriotique concours pour arriver à payer dignement aux Vaillants à qui nous devons d'être, la grande dette de reconnaissance nationale.

Nous saisissons l'occasion pour vous assurer, cher et estimable concitoyen, de notre profonde considération.

Le Vice-Président,
Dr VICTOR LAMOUR

Le Secrétaire général
A. DUVAL.

MONSIEUR SEPTIMUS MARIUS,

Ancien instituteur, Avocat, ancien Substitut du Commissaire du Gouvernement, ancien Commissaire du Gouvernement, ancien député au Corps Législatif, ancien Commandant des Arrondissements de Nippes et d'Aquin, ancien Secrétaire d'Etat de la Guerre et de la Marine, ancien Secrétaire d'Etat intérimaire de l'Intérieur et de la Police générale, juge en Cassation, Commandeur de l'Ordre de Bolivar, Président de l'Association du Centenaire de la fondation de l'Indépendance Nationale.

VII

Port-au-Prince, le 18 Avril 1903.

A l'Association du Centenaire de l'Indépendance Nationale d'Haïti

Siégeant à la Capitale.

Mes chers concitoyens,

Il m'est bien agréable de vous accuser réception de votre lettre du 16 courant, par laquelle vous me notifiez qu'unanimement, « l'Association du Centenaire de l'Indépendance » a fait choix de moi pour être son président. La vie très retirée et presque méditative que je mène, ne me permettait pas de croire que vous eussiez pensé à moi pour me confier la tâche de diriger vos travaux. Ce n'est pas une mission dénuée d'importance que celle de préparer dans l'espace de sept mois, la Célébration du Centenaire de la fondation de l'Indépendance nationale, surtout en ce moment où le pays se débat encore dans les affres d'une épouvantable situation économique. Il est vrai que ce désastreux état de choses, dont les funestes conséquences sont susceptibles d'entraîner l'anéantissement de la Patrie, n'est que l'œuvre anti-patriotique de quelques-uns; mais tous, nous n'en portons pas moins la lourde responsabilité, puisque nous n'avons pas su l'empêcher. S'il fallait donc envisager les nombreuses difficultés que « l'Association » aura à surmonter, tant au point de vue pécuniaire qu'au point de vue moral — car il faut bien tenir compte de l'état de découragement de l'âme haïtienne — mon premier mouvement serait de décliner l'appel que vous avez bien voulu faire à mon patriotisme.

Mais le sentiment de la solidarité nationale et cet autre sentiment sacré de la reconnaissance envers tous les Vaillants qui ont créé de toute pièce cette Patrie, que leurs descendants veulent conserver intacte, ne me permettent pas de me dérober, quand il s'agit de perpétuer le culte de l'Epopée glorieuse des *Aïeux*. C'est pourquoi, mes chers concitoyens, j'accepte volontiers d'occuper la place que vous m'avez désignée. Bien que je n'aime pas me mettre en évidence et que j'aie toujours eu le goût de combattre le bon combat dans les rangs, j'espère pouvoir, aidé de votre précieux concours, travailler efficacement à la préparation du Centenaire de notre Indépendance.

Pour y parvenir, il ne faudra pas seulement déployer une énergique activité, mais il conviendra par-dessus tout, de propager les idées d'entente et de concorde dont le salutaire résultat accélèrera le grand avénement de l'Union des forces vives de la Nation. Dès à présent, les Haïtiens doivent loyalement fraterniser, pour que, le 1er Janvier 1904, il n'y ait plus parmi eux ni vainqueurs ni vaincus. La tradition historique enseigne que les vainqueurs inexorables seront les vaincus de demain. Mais l'expérience démontre que les concessions mutuelles désarment les passions, raffermissent la paix intérieure et consolident l'ordre public.

Veuillez agréer, mes chers concitoyens, avec mes remercîments les meilleurs, l'expression de mes sentiments très patriotiques.

S. Marius

VIII

Patrie — Indépendance

ASSOCIATION du CENTENAIRE.

STATUTS

DISPOSITIONS PRÉLIMINAIRES

Art. 1er — Une association est fondée à Port-au-Prince dans le but de préparer, pour le 1er janvier 1904, une manifestation à l'occasion du Centenaire de l'Indépendance Nationale.

Art. 2— Toute discussion politique ou religieuse y est interdite.

Art. 3— L'association prendra solennellement fin le 31 janvier 1904.

CHAPITRE I

DES MEMBRES

Art. 4. — L'association comprend : des membres actifs, des membres correspondants et des membres honoraires.

Le nombre en est illimité.

Art. 5. — Les membres actifs sont nommés par le Conseil d'Administration, au scrutin secrèt, sur la demande des candidats ou sur la recommandation de trois membres.

Art. 6. — Ils forment l'assemblée générale et y ont seuls voix délibérative.

Art. 7 — Ils sont seuls électeurs et éligibles.

Art. 8 — Les membres actifs s'obligent : 1° à assister régulièrement aux séances de l'Association; 2° à payer une cotisation mensuelle d'une gourde; 3° à ne pas, sans motif légitimes, refuser leur concours à l'œuvre.

Art. 9 — Les membres actifs portent comme insigne à la boutonnière un cercle vert que partagent deux sécantes parallèles: bleue et rouge.

DES MEMBRES CORRESPONDANTS

Art. 10 — Les membres correspondants sont nommés par le Conseil d'Administration, sur la recommandation du Président ou de trois membres du Conseil.

Art. 11 — Ils sont au même titre que les membres actifs et se réunissent sous la présidence des délégués choisis par le Conseil d'Administration.

DES MEMBRES HONORAIRES

Art. 12 — Les membres honoraires sont ceux que l'Association a décorés de ce titre, soit en raison de leur haute situation, soit à cause des services rendus à l'Association. Ils peuvent assister aux séances de l'Association, mais ils n'y ont pas voix délibérative.

Ils sont nommés par l'assemblée générale, sur une proposition signée de cinq membres.

DE L'ADMISSION

Art. 13 — Pour être membre de l'Association, il faut: 1° être haïtien, 2° n'avoir jamais renoncé à sa nationalité; 3° être âgé de 21 ans au moins.

Art. 14 — Sera considéré comme démissionnaire le membre qui: 1° aura sans motifs plausibles, manqué à trois séances consécutives; 2° aura été en retard de trois mois pour le paiement de sa cotisation; 3° aura, sans raison acceptable, refusé son concours à l'Association.

Dans ces trois cas, la radiation du membre sera prononcée par le Conseil d'Administration.

Art. 15 — Sera exclu de l'Association et ne pourra plus y être admis, celui qui, par sa conduite, se sera rendu indigne d'en faire partie.

Cette exclusion sera, sur le rapport du Conseil d'Administration, prononcée par l'Assemblée générale à la majorité des deux tiers des membres présents.

CHAPITRE II

DU CONSEIL D'ADMINISTRATION

Art. 16 — L'association est administrée par un Conseil composé des membres du bureau et de sept conseillers.

Les membres du Conseil d'Administration sont nommés au scrutin secret et leurs pouvoirs durent trois ans. Ils sont rééligibles.

Art. 17 — Le Conseil d'Administration se réunit au moins deux fois par mois, sur la convocation du président, et prend toutes les mesures nécessaires à la bonne marche de l'Association. Le président est tenu de le convoquer à l'extraordinaire, sur la demande présentée à cet égard par trois membres du Conseil.

Art. 18. — Le bureau se compose d'un président, d'un vice-président, d'un trésorier, d'un secrétaire-général, d'un secrétaire adjoint et d'un archiviste bibliothécaire.

DU PRÉSIDENT

Art. 19. — Le président dirige les travaux de l'assemblée

et les délibérations du Conseil, surveille la marche de l'Association et exécute les décisions prises par elle.

Art. 20. — En cas d'urgence, il pourra prendre certaines mesures d'Administration qui seront soumises au Conseil à sa plus prochaine réunion.

DU VICE-PRÉSIDENT

Art. 21. — Le vice-président assiste le président et le remplace en cas d'absence ou d'empêchement.

DU SECRÉTAIRE-GÉNÉRAL

Art. 22. — Le secrétaire-général est chargé de la correspondance. Il reçoit les lettres adressées à l'Association. Ils les remet au président et s'entend avec lui pour les réponses à faire.

Art. 23. — Il présentera, chaque année, au nom et après ratification du Conseil d'Administration, un rapport sur les travaux de l'Association. Le rapport, lu et discuté en assemblée générale, sera imprimé, s'il y a lieu.

DU SECRÉTAIRE-ADJOINT

Art. 24. — Le Secrétaire-adjoint est tenu de dresser le procès-verbal de chaque séance. Ce procès-verbal est lu à la séance suivante pour avoir la sanction nécessaire. Il prend également note des décisions du Conseil d'Administration.

DU TRÉSORIER

Art. 25. — Aucune sortie de fonds ne sera faite par le trésorier sans une décision du Conseil d'administration.

Toutefois, en cas d'urgence, le président ou à son défaut, le vice-président, peut prendre l'initiative de faire telle dépense qu'il juge nécessaire et indispensable. Dans ce cas il aura pour devoir, à la plus prochaine séance, de rendre compte au Conseil d'Administration de ce qu'il aura fait.

Art. 26. — Le trésorier n'exécutera aucune dépense sans un ordre écrit du président ou de son remplaçant.

Art. 27. — Le trésorier fera tous les trois mois au Conseil

un rapport détaillé sur l'état de la caisse. Il fera également un rapport annuel à l'Association réunie en Assemblée générale.

DE L'ARCHIVISTE BIBLIOTHÉCAIRE

Art. 28. — L'archiviste-bibliothécaire a la garde des archives et de la bibliothèque de l'Association.

DES CONSEILLERS

Art. 29. — Les conseillers assistent le président pour l'aider à réaliser le but de l'Association. Ils contrôlent les finances et signalent au Conseil d'Administration les abus de tout genre qui peuvent se présenter.

Art. 30. — A défaut du vice-président, le plus âgé des conseillers remplace le président absent.

CHAPITRE III

DE L'ASSEMBLÉE GÉNÉRALE

Art. 31. — L'association se réunit obligatoirement en assemblée générale, tous les trois mois. Néanmoins, elle pourra être convoquée, dans l'intervalle de trois mois, si le Conseil le juge convenable.

Le quorum de l'Assemblée est de 20 Membres, les membres du Conseil non compris.

Art 32. — L'Assemblée générale délibère sur les rapports qui lui sont présentés et statue sur toutes les questions intéressant l'œuvre.

Art. 33. — L'Assemblée générale tiendra chaque année une séance solennelle dont la date est fixée au 17 Janvier.

DE LA RÉVISION

Art. 34. — Sur la demande du Conseil d'Administration ou des deux tiers de l'Assemblée les statuts pourront être revisés.

CHAPITRE UNIQUE

Le titre de Haut Protecteur de l'Association est décerné au Président de la République.

N. B.—Par suite de la résolution modificative de ses statuts, l'Association du Centenaire décerne le titre de Conseiller et de Conseillère d'Honneur aux personnages aptes à propager, par leur influence morale, l'idéal patriotique de l'œuvre. Les membres conseillers d'honneur assistent le Conseil d'Administration pour l'aider à réaliser le but de l'association et contrôlent les finances.

Ils payent une cotisation mensuelle d'une gourde. Leur insigne est identique à celui prévu par l'article 9 des dits Statuts.

IX

Le Centenaire du Drapeau (*)

Messieurs,

Pour parvenir à l'indépendance, les héros de Saint-Domingue ont accompli une série d'actes glorieux. A mesure qu'ils les accomplissaient, leurs aspirations montaient plus haut. Le peuple haïtien, à travers ses misères, vit d'espérance, car dans les différentes phases de son histoire, se retrouve l'énergie de ses ancêtres.

L'idée de célébrer notre premier centenaire a toujours été la préoccupation de notre existence comme Etat-libre dans le Nouveau-Monde. C'est à cela que nous devons ce que nous sommes, en dépit de nos querelles, en dépit de l'envie dont notre île est l'objet. Nous voici à la veille de ce jour tant souhaité où, sur l'autel de la patrie, nous nous confondrons en une étreinte fraternelle, dans le sublime élan de la joie et de la reconnaissance.

On rapporte qu'autrefois, le premier Janvier, les vieillards se rendaient sur la place d'armes des Gonaïves et que là ils

(*) Discours prononcé le 18 Mai 1903 au Palais législatif, par M. Jérémie.

s'embrassaient en pleurant. Ils évoquaient le souvenir des aïeux et le drapeau national flottant au souffle de la liberté, bénissait cette fusion des cœurs.

On ne fête pas la liberté sans le drapeau. Un symbole synthétise une idée, et l'âme de la patrie tout entière frémit « dans ce chiffon de toile » qui se déploie sur la colline.

La commémoration du 1er Janvier 1804, ne s'expliquerait pas sans la commémoration du 18 Mai 1803. L'un est le succès, l'autre la devise. Et cette devise que porte le drapeau: *l'Union fait la force*, notre président (*) la rappelait tout à l'heure. C'est par elle qu'Haïti triomphera.

Ce qui a fait la force des pères maintiendra l'indépendance des fils.

Notre drapeau a son origine et cette origine révèle la fierté native de notre race. Le drapeau tricolore, c'était l'alliance du peuple de Paris avec la royauté. Dessalines supprima l'emblême du roi: le blanc,— et garda celui du peuple: le rouge et le bleu. Et ce rapprochement du rouge et du bleu signifiera l'harmonie de toutes les nuances de notre race pour une suprême destinée.

Ah! ce n'était plus le moment où *la Marseillaise* conduisait des français à l'assaut d'une forteresse défendue par des français. Les esclaves n'ont pas de drapeau; le drapeau, c'est la liberté.

Mais Toussaint, le martyr, avait proclamé la liberté dans sa défaite. Lorsque nos pères ont inauguré à l'Arcahaie le drapeau bicolore, pour eux la nation existait: il ne lui manquait que la consécration de la dernière victoire.

Cet après-midi, au Champ de Mars, vous avez assisté à une cérémonie patriotique. Vous avez vu l'armée défiler, au bruit d'une salve de cent-un coups de canon, devant le drapeau national. A mesure qu'il montait, ce cher emblême, l'enthousiasme de la foule éclatait en vivat.— Ah! s'il ne représente pas la force, il représente l'honneur.

La fête du drapeau est la fête du civisme. Le citoyen ac-

(*) M. Septimus Marius.

cepte le sacrifice pour le triomphe du droit, le soldat meurt sur le champ de bataille pour la gloire de la patrie. Ayons, Messieurs, ayons cette virile espérance que l'œuvre des siècles consolidera l'œuvre de nos aïeux.

X

Mon cher Jérémie,

Votre billet d'hier soir m'est parvenu. Je pense aussi qu'il serait nécessaire de réunir, demain vendredi, les deux sections en Assemblée Générale, au Petit Théâtre Sylvain.

Je vous saurais gré de me préciser l'heure à laquelle la réunion doit avoir lieu, afin que je puisse l'indiquer dans ma circulaire de convocation.

Cordialement,

25 juin 1903. S. Marius.

XI

Patrie Indépendance Progrès

N° 186 Port-au-Prince, le 1er juillet 1903.

L'Association du Centenaire de l'Indépendance Nationale d'Haïti.

Fondée en 1892

A Monsieur Jérémie,
Président d'Honneur de l'Association Nationale du Centenaire de l'Indépendance, Section de la Statue.

Mon cher collègue,

Une note du « Soir » de vendredi dernier annonçait que les bureaux des deux sections de l'Association nationale du Centenaire devaient se réunir ce jour au Petit-Théâtre. Il y avait pourtant un malentendu. J'ai été au Petit-Théâtre, ainsi que les membres du bureau de ma section, tandis que notre collègue Dévot nous attendait chez lui. Sur le tard, moi seul l'ai vu, en sa demeure, et, ce malentendu expliqué, il fut convenu de se réunir toujours chez lui, le vendredi trois juillet courant, à cinq heures précises de l'après-midi.

Bref.— Je vous informe que les cotisations mensuelles des membres actifs et des dignitaires de ma section, sont destinées à payer les loyers d'une maison devant servir de local au Conseil d'Administration de ma section et à couvrir les autres frais que nécessite le service ordinaire. Les souscriptions sont spécialement affectées à l'érection de la Statue du Fondateur de notre Indépendance nationale.(*)

Il m'est revenu que l'ancien local du bureau de l'Enregistrement, sis au rez-de-chaussée de la maison Lorquet, est inoccupé. On m'a dit que la personne chargée de la louer est vôtre. Je vous prie de bien vouloir lui demander de la louer à notre Conseil d'Administration, et je prends l'engagement d'en payer régulièrement les loyers, à échéance fixe de chaque mois.

En attendant vos communications à ce sujet, je vous renouvelle, mon cher Président d'Honneur, l'assurance de mon invariable sympathie et de mes sentiments patriotiques.

Le Président de l'Association nationale du Centenaire de l'Indépendance, Section de la Statue.

S. MARIUS.

XII

PATRIE — INDÉPENDANCE — PROGRÈS

Port au-Prince, le 14 Octobre 1903.

Le Conseil d'Administration de la Section de la Statue de l'Association nationale du Centenaire de l'Indépendance

A MADAME JÉRÉMIE,

Présidente du Comité féminin de l'Association Nationale du Centenaire de l'Indépendance (section des Statues).

Madame et honorable collègue,

Je m'empresse de porter à votre connaissance que le Mi-

(*) *Comité de Souscriptions:* Paul Laraque, président; Racine aîné, trésorier; Solon Vieux, rapporteur.

nistre des Cultes, par sa dépêche du 12 Octobre courant, au nº 158, a eu la gracieuseté d'informer l'Association que son Département, en exécution de la décision prise à cet égard par le gouvernement, a écrit à l'Archevêque de Port au-Prince pour qu'une messe solennelle de requiem soit chantée à la Cathédrale, le 17 de ce mois, à 8 heures du matin, en mémoire du grand Dessalines.

Il m'a aussi annoncé que l'Association nationale du Centenaire doit avoir sa place à côté des grands Pouvoirs de l'Etat qui seront conviés à y prendre part. En conséquence, le Conseil d'Administration vous prie de vouloir bien convoquer les membres de votre Comité, pour assister à cette cérémonie. Leur réunion devra avoir lieu à l'Eglise indiquée, le 17 Octobre, à sept heures et demie du matin. Le soir, l'Association fera, au Petit-Théâtre, une manifestation patriotique, d'un caractère à la fois artistique et littéraire. Je crois nécessaire de vous annoncer que les dames et demoiselles dont les noms suivent, font partie du comité que vous présidez:

Madame Veuve Bernadotte Chancy, *Conseillère d'Honneur;*
Madame Emmanuel Chancy, *Conseillère d'Honneur;*
Madame Jules Rosemond, *Membre Honoraire;*
Mademoiselle Théramènes Lucas, *Membre Honoraire;*
Mademoiselle Dora Holly, *Membre Actif.*

Veuillez agréer, Madame et honorable collègue, mes respectueuses salutations.

Le Président de l'Association (section des Statues)

S. Marius.

XIII

Patrie — Indépendance — Progrès

Port-au-Prince, le 15 Octobre 1903.

LE COMITE FÉMININ

de l'Association nationale du Centenaire de l'Indépendance
(Section de la Statue)

CIRCULAIRE

Mes chers collègues,

Conformément au vœu émis par l'Association, je viens vous

prier d'assister à la messe de requiem que le gouvernement fait célébrer à la Cathédrale samedi 17 Octobre courant, à 7 1/2 heures du matin, pour le repos de l'âme du fondateur de notre indépendance.

En assistant à cette cérémonie, vous édifierez le pays par votre piété patriotique et filiale.

La présidente,
Mme JÉRÉMIE.

P.S.— Vous êtes en même temps invitées, mes chères amies, à la fête du soir. Vous aiderez l'association en prenant chacune une carte d'entrée.

Madame Veuve Camille Legendre, *présidente honoraire*;
Mademoiselle Hermine Faubert, *vice-présidente*;
Madame Chrysostome Rosemond, *secrétaire-générale*;
Madame Septimus Marius, *trésorière;*
Mademoiselle Lydia Hyppolite, *secrétaire*;
Mademoiselle Marie Prophète, *secrétaire*;
Mademoiselle Louise Alerte, *conseillère*;
Madame Veuve Siméon Salomon, *conseillère.*

Mme S. Bistouri	Mme Acélie Etienne
« Charles Germain	« Brenor Prophète
« Vve Nelson Conille	« Georges Montès
« Vve François Manigat	« Raoul Prophète
« Vve Emile Pierre	« Isnardin Vieux
« Vve Innoc. Michel Pierre	« Lysius Templier
« Vve Anselme Prophète	« Amilcar Duval
« Vve Rosalva Célestin	« Charles Bonheur
« Racine aîné	« Vve Handel Vilain
« Vve Moléus Germain	« Pascher Lespès
« Renaud Hyppolite	« Florian Alfred
« Cadieu Hibbert	« Plaisimond Pierre-Pierre
« Maxi Momplaisir	« J. Esaï Jeanty
« Grand-Jean Guillaume	« Jn-Louis Vérité
« Michel Oreste	« Victor Lamour
« Camille Molière	« Gédéus Gédéon
« Normil Sambour	« Vve Bernadotte Chancy

Mme Dessources Duplessy
« Paul Laraque
« Darius Hyppolite
« Emmanuel Chancy
« Jules Rosemond
« Maximé Jacques
« Fernand Hibbert
« Constantin Durand
« Léonce Laraque
« Auguste Ducoste
« Vve Octavien Hyppolite
« Vve Edmond Sambour
« J. B. Valembrun
Melle Noémie Alerte
« Robertine Prosphète
« Aléida Legendre
« Laure Prophète

Melle Louise Fernand
« Eugénie Adam
« Lamercie Rosemond
« Circée Prudent
« Alice François Toussaint
« Régina Zéphir
« Caroline Fontus
« Mercie Prophète
« Carida Amitié
« Alice Fabius Hyppolite
« Luména Prudent
« Théramène Lucas
« Dora Holly
« Altagrâce Manigat
« Clémence Bélizaire
« Euranie Prosper

XIV

OGÉ (*)

Mesdames,

Messieurs,

Dans son rapport sur les troubles de Saint-Domingue le député Garran retient cette réflexion d'un affranchi : « Que diable est venu chercher Ogé dans ce pays-ci, pour mettre tout en feu, et faire faire une boucherie d'hommes au Cap, en dépit même du décret de pacification. »

Et c'était là l'opinion de beaucoup d'entre ceux en faveur desquels le glorieux martyr avait invoqué le principe de l'égalité civile et politique.

(*) Discours prononcé le 21 Octobre 1903, au Petit-Théâtre de Port-au-Prince par M. Jérémie.

Toute société offre le spectacle de l'enthousiasme et de l'indifférence. Tout principe repose d'un côté sur l'intérêt et de l'autre sur l'idée pure. C'est par le premier côté qu'il subit les fluctuations du temps et s'altère; c'est par le second qu'il résiste à la destruction et domine l'humanité malgré les défaillances.

Les hommes pardonnent difficilement aux précurseurs leurs tentatives infructueuses. Ils les rendent responsables de tout le mal qui existe, pour en avoir montré la hideur. Avant le supplice d'Ogé et de son compagnon Chavannes, l'assimilation des affranchis aux blancs était le vœu de tous ceux qui n'étaient plus esclaves. On voulait l'égalité tout en se confinant dans son étroitesse de vue. Chacun protestait quand ses biens étaient confisqués, la caste elle-même restait asservie aux plus absurdes préjugés.

On ne guérit pas d'un mal qui est la conséquence d'un état général, sans attaquer le principe même qui le constitue. Les résistances partielles agravent la condition sociale tant qu'un remède n'est appliqué au système pour détruire le mal dans son essence.

Au jugement des colons, les affranchis avaient fait un pas suffisant en s'interposant entre les esclaves et les maîtres du troupeau. Admis à l'exercice de tous les droits, le vice de leur origine serait effacé, et peu à peu la race noire tout entière arriverait à l'égalité; la noblesse du sang disparaitrait avec les privilèges détruits par la révolution de 1789.

Il fallait aux affranchis un groupement sans abstention, une fusion parfaite d'intérêts. Ogé avait écrit, il avait parlé. Il sentait battre en lui l'âme des opprimés. « Je vous somme, dit-il dans sa lettre à l'Assemblée provinciale du Nord, je vous somme de faire promulguer dans toute la colonie le décret de l'Assemblée nationale du 28 mars, qui donne sans distinction à tous les citoyens le droit d'être admis dans toutes les charges et fonctions. »

Il s'arma, il arma ses frères. Sous sa direction eut lieu le premier groupement effectif des hommes de couleur, que l'histoire transmet à la postérité comme l'exemple le plus retentissant du courage civique donné dans le nouveau-monde.

Qu'a-t-il compromis, cet immortel jeune homme qui, le premier, a fait connaître sans réticence dans la colonie le symbole de la révolution française? De quels crimes sont-ils responsables, Chavannes et les trois cents braves qui ont répondu à l'appel d'Ogé pour abaisser l'orgueil des colons? quand l'iniquité est à son comble la violence n'est pas dans la protestation par les armes, mais dans la conduite même des bourreaux.

Pour rompre avec le passé l'éloquence ne suffisait plus; c'était l'heure des suprêmes sacrifices. Le sacrifice n'est pas dans la parole mais dans l'action. Il vient à son heure pour ouvrir la voie aux réformes nécessaires. A ce moment encore la timidité recule, le désintéressement devient l'audace et va seul en avant.

Alors paraissent les hommes de foi, jetant en pâture leur vie, leur nom à la postérité. Ils voient par-dessus tout le triomphe de la cause dont ils sont les apôtres. Mais l'injustice des hommes fait l'inclémence des choses. L'énergique volonté se heurte à des obstacles cruels et l'insuccès semble condamner la légitimité du droit.

Au fort des représailles les modérés qui ne s'étaient trouvés ni à la Grande-Rivière ni au Dondon qualifiaient de téméraire l'équipée d'Ogé et de Chavannes. Et c'est pourtant ce mouvement qui a imprimé une force de cohésion à la classe des affranchis et qui plus tard les a poussés vers la masse des esclaves toujours mécontents et souvent en révolte.

Ceux qui dénigrent la gloire sont de tous les temps. Les réacteurs ont vécu dans le passé et ils découragent encore le présent. Pourquoi Ogé et Chavannes ont-ils mis le pays en feu? Pourquoi ont-ils soulevé les affranchis en vue de la conquête de l'égalité et du droit? Pourquoi Toussaint a-t-il discipliné et coordonné les esclaves pour les conduire à l'émancipation?

Pourquoi les fondateurs de l'indépendance nous ont-ils légué une patrie à défendre? Mieux eût valu que ces hommes sublimes nous laissassent dans l'inconscience d'un état humiliant: nous n'aurions pas le souci d'une éducation nationale.

La célébration du centenaire n'a pas seulement pour but de montrer dans la gloire les héros de 1804, mais de réhabiliter tous les calomniés. Toutes les victimes du despotisme colonial se présentent comme un faisceau de lumière à notre mémoire. L'œuvre de nos pères forme un seul édifice, mais tous les ouvriers n'y ont pas apporté un même instrument. Chacun, en son genre, servira de modèle aux générations futures.

L'histoire de la Révolution de Saint-Domingue a une richesse d'enseignements qui dépasse l'histoire de plusieurs siècles; elle n'embrasse pourtant qu'un cycle de 14 ans. Là où l'abjection a été profonde toutes les énergies concentrées se sont redressées en un jour pour renverser l'oppression.

Selon les apparences l'humanité procède par bond plutôt qu'avec sagesse et méthode. Non, tout ce qui est mauvais se dissout insensiblement, car il est dans l'intime des choses un principe surhumain qu'un illustre orateur français appelle la justice immanente.

La justice se fait lentement, ce qui est brusque c'est le châtiment. Ceux qui périssent en donnant le signal ne sont ni téméraires ni insensés. Ils se précipitent les premiers dans la fournaise pour prouver que la vie égoïste n'est rien à côté des jouissances procurées à des milliers d'êtres humains. Mourir martyr comme Ogé et Chavannes, c'est graver son nom sur la pierre de l'immortalité.

Le conférencier d'aujourd'hui est l'orateur que vous êtes habitués à applaudir, et en des circonstances diverses. Vous aimez la sincérité, et il sait aussi que le respect de la vérité rehausse le talent. Monsieur Etienne Mathon a choisi pour sujet les péripéties de l'idée et la fin tragique de ces deux hommes inséparables dans la reconnaissance nationale. Son caractère droit et ferme se plaît aux actions viriles, et nul avec un accent plus pénétrant ne peut parler de ces deux martyrs dont l'histoire est un éloquent exemple de courage civique.

L'association, en organisant ces conférences historiques à l'occasion des fêtes du centenaire, a entrepris une œuvre d'une importance incalculable. Les entreprises politiques avortent ou réussissent au gré de l'opinion, mais dans l'ordre moral tout effort est récompensé, toute peine porte ses fruits.

La célébration du centenaire est moins un fait politique qu'un acte moral.

Quelque chose me dit que cette dernière année qui va passer sur le siècle des aïeux sera un signe éclatant à notre horizon. La présence des survivants de la guerre de l'indépendance soutenait l'énergie de la nation qui venait de se fonder, la glorification des fortes vertus donnera un nouveau baptême à l'âme nationale. C'est là le triomphe assuré de l'idée pure.

L'esprit public, dégagé des mesquines passions qui l'obscurcissent et s'éclaircissant de plus en plus, suivra le but unique vers lequel convergent les puissantes volontés.

LA JOURNÉE DU CENTENAIRE

Le Centenaire de l'Indépendance Nationale

(Le « Moniteur » du 6 Janvier 1904)

DIRECTEUR : PAUL LOCHARD

Le soleil du 1er Janvier 1904, étant le premier du second siècle de notre indépendance, a été salué dans toutes les parties de notre chère Haïti, le cœur ému et plein des souvenirs glorieux de nos pères. La capitale, malgré l'absence du Chef de l'Etat, l'a célébré avec autant d'entrain que le permettaient les circonstances, et c'était beau.

Les troupes de la garnison, dès sept heures, vinrent sous les ordres du général Régnier, commandant de la place de Port-au-Prince, prendre leur ligne de bataille autour de l'Autel de la Patrie pavoisé, richement décoré. Le peuple s'amassait sur la Place Pétion. On vit bientôt arriver les élèves des écoles diverses, les membres de l'Association nationale du centenaire, portant des bannières, des drapeaux, des oriflammes, le tout aux couleurs nationales, et sur le front de tous, on semblait voir reluire on ne sait quels rayons.

Le général Carrié, commandant de l'arrondissement; M. Bijou, Secrétaire d'Etat des Finances, le général Sambour, préfet, enfin toutes les notabilités civiles et militaires présentes à la Capitale étaient là, debout sur l'Autel de la Patrie.

Après quelques moments de silence, le Secrétaire d'Etat des Finances, puis le commandant de l'arrondissement, prononcèrent les discours suivants:

M. Cajuste Bijou, *Secrétaire d'Etat des Finances et du Commerce*:

Concitoyens,

Nous fêtons en ce jour solennel l'anniversaire de notre Indépendance Nationale. Cette Patrie que nous ont conquise nos Pères aux prix des plus grands sacrifices, jurons encore une fois de la maintenir. Cette liberté qu'ils nous ont léguée, pour être bien comprise et produire effectivement le résultat que nous devons espérer, ne doit trouver son application que dans le respect des lois et le travail indispensable au développement de tout progrès.

Que le siècle qui vient de s'écouler serve d'expérience! Seules nos discordes civiles ont empêché notre avancement. Engageons-nous désormais dans la voie de la civilisation et prouvons ainsi au monde entier par une conduite régulière notre volonté inébranlable de vivre libres et indépendants.

Les errements du passé nous ont conduits à bien des malheurs; l'état précaire de nos finances en est la conséquence indiscutable. Rappelons-nous que nos Pères nous ont donné le Pays que nous habitons et que nous devons y vivre en maitres absolus. Dès maintenant, dégageons-nous des liens qui nous étreignent.

Que nos regards se portent avec plus d'attention vers nos campagnes! Livrons-nous résolument au travail des champs, développons de plus en plus notre agriculture, source indéniable de la fortune publique, et nous ne tarderons pas à constater une amélioration sensible de notre état actuel.

Dieu bénira nos efforts, nous avons pleine et entière confiance en sa justice.

L'œuvre de paix qu'entreprend le grand Patriote, le général Nord Alexis, et qui se résume dans le respect des lois et le travail honnête et consciencieux, sera couronné d'un plein succès. Déjà une ère nouvelle s'ouvre pour la République. Groupons-nous autour de son Gouvernement en lui assurant par notre concours dévoué l'appui nécessaire à la réalisation de son programme.

Vive l'Indépendance! Vivent les Héros de 1804! Vive la Constitution! Vive le Président d'Haïti! Vive la famille haïtienne!

Le Général JUSTIN CARRIÉ, *Commandant de l'Arrondissement de Port-au-Prince:*

Citoyens,

La haute confiance dont Son Excellence le Général Nord Alexis, Président d'Haïti, m'a donné une fois de plus un éclatant témoignage, me procure l'insigne honneur de porter officiellement la parole en cette circonstance solennelle et vraiment unique dans une existence humaine.

Nous sommes ici présents pour célébrer le Centenaire de cette date inoubliable où la proclamation de notre indépendance vint couronner si heureusement cette lutte épique qui réunit dans le même drapeau et dans une égale intrépidité les tenants divers d'une race martyre et frappée d'opprobre. Quel admirable spectacle que celui qu'à cette heure de sublime enthousiasme offrit l'ancien troupeau d'esclaves devenu, par une magique transformation, un peuple de héros! La suprême allégresse qui circulait dans tous les rangs, communiquait à ces opprimés de la veille, comme un frisson nouveau, et le souffle de la liberté emplissait leurs poitrines frémissantes et faisait palpiter leurs cœurs d'une magnifique espérance. Leurs clameurs et leurs vivats résumaient la sainteté de leur cause, l'audacieuse grandeur de leur conception, la virilité de leur effort et par dessus tout: la triomphante efficacité de l'entente fraternelle et persévérante. Sur ces athlètes farouches et superbes, à qui la communauté du malheur autant que du danger et la solidarité d'une immortelle entreprise avaient fait une conscience collective, sur ces soldats victorieux, planait une âme surhumaine, l'âme de la Patrie, que leur irréductible résolution venait de consacrer.

C'est ce prodigieux enfantement de la Nation Haïtienne que nous commémorons. Certes, à notre joie se mêle une secrète amertume devant l'extrême simplicité à laquelle cette solennité et nos réjouissances se trouvent forcément réduites. Il eût été juste et convenable que notre piété filiale, dégagée de tout égoïsme et de tout calcul, décernât une exceptionnelle apothéose à ces magnanimes combattants qui, du fond de leurs tombeaux, rayonnent encore jusqu'à nous, en laissant sur leur pays et sur leur race une trainée de cette gloire dont ils se couvrirent dans d'effroyables mêlées. Mais ce n'est pas pour rien que tant de catastrophes provoquées par nos dissensions insensées et par de criminelles déprédations, se sont abattues sur la République et l'ont appauvrie et épuisée. Aussi bien, de nos fautes réitérées ce n'est pas la moindre peine que notre impuissance actuelle à rendre à ces augustes Ancêtres un hommage digne de leur grandiose initiative.

Apportons-leur du moins l'offrande de nos remords et de nos repentirs, en même temps que de notre vénération. Soyons leur agréables, en nous pénétrant de leur esprit et de leur généreuse ardeur, en leur empruntant cette fierté qui leur fit braver tous les périls et concevoir le dessein le plus gigantesque. Rendons-nous les propices en nous unissant étroitement, à leur exemple, pour la sauvegarde et le développement de cette nationalité issue de leur geste héroïque.

Il n'est que temps, en effet, de rentrer dans la tradition nationale, dont depuis trop longtemps nous avons dévié. A cet effet, nous avons eu la bonne fortune de rencontrer le guide le plus sûr et le plus vigilant, celui dont l'aurore de notre Indépendance éclaira le berceau et qui semble tenir d'un décret spécial de la Providence la noble mission de réconcilier les haïtiens et de les ramener à ces Aïeux vers qui s'élèvent aujourd'hui notre gratitude et notre ferveur patriotique.

Vive l'indépendance d'Haïti! Vivent les Héros de 1804! Vive l'Union! Vive Jean-Jacques Dessalines! Vive Alexandre Pétion! Vive le Président Nord Alexis!

Immédiatement après ces discours, une salve de vingt et un coups de canon fut tirée, on forma le cortège et l'on se rendit à la cathédrale, où l'abbé Pichon, chanoine de l'Eglise

Métropolitaine et grand-vicaire de l'Archevêque de Port-au-Prince, adressa à l'assemblée un sermon des plus remarquables à tous égards.

Le *Te Deum* chanté, le cortège se rendit sur la Place de l'Indépendance, où doit s'ériger la colonne que notre reconnaissance tardive se propose de consacrer à la mémoire des fondateurs de la patrie, et dont la pose de la première pierre se fit avec une grande solennité.

La place offrait un magnifique aspect. Des arbres et des poteaux, où flottaient des drapeaux et des oriflammes, étaient symétriquement rangés autour d'un petit monument portant une large plaque de marbre, où sont inscrits ces mots :

Ici se trouvent les fondations du monument à élever aux Héros de l'Indépendance. Peuple rappelle-toi que tu leur dois ce témoignage de reconnaissance !

Après la pose de la première pierre, MM. J. Dévot et S. Marius, présidents de l'Association, prononcèrent les beaux discours que voici:

Discours de M. Justin Dévot, président de l'Association nationale du Centenaire :

Mesdames, Messieurs,

Il y a un siècle, à cette même date, le 1er Janvier 1804, sur la place d'armes des Gonaïves, où civils et militaires se donnaient des accolades fraternelles, en face du majestueux palmier qui, en son fier élancement symbolise la liberté, au milieu de la joie débordante de la population, de chants d'allégresse et de reconnaissance montant vers la splendeur bleue du ciel, les grands ancêtres, dont nous célébrons en ce jour les vertus et les exploits, fondèrent l'Indépendance nationale dont ils venaient d'effectuer la glorieuse conquête.

En la nuit du 31 Décembre 1803 au 1er Janvier 1804, Boisrond Tonnerre, de cette main ferme qui portait l'épée et savait aussi tenir la plume, avait rédigé deux actes :

Le premier, d'un caractère simple et grave, empreint de

civisme recueilli, consacrait la grande œuvre poursuivie pendant l'année 1803 et splendidement achevée, après les héroïques assauts de Vertières, par l'entrée triomphale au Cap, le 29 Novembre 1803, de l'armée indigène victorieuse.

C'était l'acte constitutif de l'Indépendance signé du groupe de héros qui, pendant la lutte, s'étaient couverts d'une immortelle gloire.

Le second, fulgurant, tonnant, où se prolongeaient l'écho furieux des batailles et les fracas des assauts acharnés, exprimait les sentiments du Général en Chef proclamant l'Indépendance dont il élevait bien haut l'étendard à la face du monde entier.

Jamais le courage réfléchi, la résolution calme d'être et de rester libres et indépendants, d'un côté ; jamais, de l'autre, l'énergie humaine, le ressentiment des outrages, des iniquités endurées pendant les temps odieux de l'oppression esclavagiste, n'atteignirent une plus haute et plus forte expression nationale.

Indépendance ou la mort! telle avait été, telle était encore, à cette heure de victoire et d'éclatant triomphe, la devise sublime de ce groupe splendide de héros, de l'armée dont ils étaient les chefs vénérés, du peuple qui les entourait et couvrait de bravos enthousiastes leurs déclarations traversées d'un large souffle de liberté et d'espoir.

Et pendant que s'accomplissait ce grand acte de naissance d'une nouvelle nationalité, de notre nationalité, le soleil, notre beau soleil tropical, représentant dans le ciel sa course majestueuse, jetait sur les montagnes, les plaines, les cités, un large manteau lumineux tissé de rayons d'or, et sur les fronts, déjà resplendissants de joie, d'ivresse patriotique, mettait l'éclat d'une glorieuse auréole.

Mesdames, Messieurs,

Lorsque, remontant le cours de son histoire, un peuple trouve à ses origines de tels actes et de tels hommes il doit considérer ces actes comme d'impayables bienfaits et ces hommes comme de nobles, d'inégalables bienfaiteurs.

Il a pour stricte obligation d'entourer leur mémoire d'une vénération qui, transmise et s'amplifiant de génération en génération, d'âge en âge, prend finalement le caractère d'un culte national, profondément sincère et réel.

Il lui faut, en un mot, décerner à ces illustres Fondateurs les honneurs de ce que le grand et fraternel Auguste Comte appelle : l'immortalité subjective ou sociale.

S'il ne le fait pas, ce peuple commet, sous le rapport civique, un péché mortel, capable, par les funestes conséquences qui en découleront, de le précipiter irrémédiablement dans la honte et la dégradation morale.

C'est pour préserver notre pays de ce honteux péché d'ingratitude dégradante que l'Association Nationale s'est efforcée d'amener, de fixer l'attention publique sur les héros de l'Indépendance, d'entraîner les esprits et les âmes dans un mouvement intellectuel et moral favorable à la célébration du premier Centenaire de la fondation de notre nationalité, à la glorification des auteurs de ce haut fait historique.

Renseignant autant que possible les intelligences, relevant les courages, réfutant les objections, repoussant les raisonnements sophistiques, s'inspirant de principes de convergence, d'harmonie, d'union civiques, l'Association a pu, en toute l'étendue de notre République, avec le concours bienveillant du Président de la République, du Gouvernement, des autorités constituées, grouper sous son drapeau qui est celui de l'Indépendance et de la reconnaissance nationales, un nombre appréciable de bonnes volontés et accomplir des actes qui, par leur caractère moral et leur portée patriotique, serviront, nous en avons le ferme espoir, à l'éducation civique de la jeunesse et produiront quelques heureux fruits sociaux.

Aujourd'hui, à cette heure, en ce lieu où sont posées les fondations du monument à élever aux héros de l'Indépendance, l'Association vient, mue par un large sentiment de vénération et de piété sociales, consacrer civiquement ces fondations et la destination de cette place qui désormais, par décision officielle, portera le beau nom de Place de l'Indépendance au lieu de celui de Place de l'Intendance, qui rappelait l'ancien régime colonial abhorré que nos grands ancêtres ont définitivement renversé et détruit. Cette destination est complètement fixée, et nous espérons que, d'ici quelques mois, se dressera le monument qui, portant en gravure, l'Acte constitutif de notre Indépendance et les noms de ses illustres signataires, en transmettra le souvenir et le culte à la postérité la plus reculée.

Nous allons entendre la lecture de ce mémorable document d'histoire, où nos pères ont exprimé leurs pensées civiques, leurs suprêmes résolutions et leurs espérances de bonheur pour le peuple qu'ils venaient de délivrer.

Puisse cette lecture susciter en chacun de vous de profonds sentiments d'attachement et de dévouement à notre pauvre pays qui, dans sa détresse et en dépit des obstacles et des difficultés qui se multiplient sur sa voie, doit nous rester cher et sacré, et qui ne périra pas si ses enfants, fortifiés par la volonté du bien social et du relèvement national, viennent résolument à son secours et jurent de le soutenir et de le sauver, comme à ces premières heures glorieuse que nous commémorons les héros de l'Indépendance jurèrent de défendre leur belle œuvre de justice et de rédemption et de mourir plutôt que d'y renoncer.

Discours de M. le général Septimus Marius, président de l'Association nationale du Centenaire de l'Indépendance :

Mesdames, Messieurs,

C'est avec une profonde émotion que j'élève ici la voix, sur cette esplanade qui porte désormais le nom de Place de l'Indépendance, et où s'élèvera bientôt le monument qui devra glorifier collectivement tous les héros de la guerre de l'Indépendance et symboliser en même temps l'union des éléments divers de la race noire.

Messieurs, c'est par l'union, une union véritable et consciente, qu'a été édifiée la patrie haïtienne, et c'est aussi par l'union, une union sincère et loyale, que nous arriverons à la conserver, à dérouter la convoitise des contempteurs de notre race. C'est constater un fait historique tout à fait tangible que d'affirmer que les nombreuses secousses qu'elle a éprouvées eussent été évitées si les descendants avaient toujours suivi le principe de solidarité des aïeux.

On a vu des peuples, des fractions de peuple, à toutes les époques de l'histoire universelle, se soulever contre leurs oppresseurs, réclamer par la force leurs droits, revendiquer leurs libertés. Cinq siècles avant 1804, on a eu ce spectacle en Europe, dans la réunion et dans les résolutions du groupe immortel de Grütli.

Mais les Suisses de Guillaume Tell, tout mal armés qu'ils étaient, eurent au moins des armes; de plus, ils étaient passés maîtres dans le maniement des armes. Ils n'avaient qu'à livrer un ou deux grands combats pour assurer le triomphe de leur cause.

Il n'en fut point ainsi de nos ancêtres. Il leur a fallu d'abord, avec leurs outils aratoires, des bâtons et des pics, conquérir sur un ennemi belliqueux, le plus belliqueux de l'époque et peut-être de toutes les époques, des armes de guerre pour le combattre et le vaincre.

Ainsi firent nos héros, qui soutinrent opiniâtrement d'innombrables combats acharnés et éprouvèrent des revers incalculables; mais leur vaillance infatigable leur assura aussi des victoires glorieuses. La colonne que nous devons ériger sur cette place sera consacrée à eux tous, depuis le grand Louverture jusqu'à nos officiers de tous grades, jusqu'aux plus obscurs soldats, jusqu'à ce couple admirable et légendaire de fous sourds-muets qui apportèrent à nos illustres ascendants l'ordre d'évacuation célèbre de la Crête-à-Pierrot. Ce monument que nous aurons toujours sous les yeux nous dira à toute heure le plus grand prodige accompli par l'union, la concorde et la volonté inébranlable: le grand triomphe de nos ancêtres, la fondation de l'Indépendance d'Haïti.

Il nous dira aussi, à toute heure, qu'il faut, à notre tour, nous unir, réunir nos forces et nos volontés pour raffermir et faire prospérer ce glorieux héritage, si nécessaire à l'honneur de notre race, pour extirper tous les germes de discorde que l'opresseur, l'astucieux colon, avait semés sur le sol de la patrie haïtienne!

Crions encore, crions toujours :

Vive l'Indépendance nationale!

Vive l'union!

Vive la Liberté, l'Egalité et la Fraternité!

Après ces discours, M. Dantès Bellegarde lut d'une voix très émue l'Acte de l'Indépendance, puis le cortège, où l'on voyait les membres du Comité féminin dans des voitures décorées, alla sur la tombe de Dessalines.

Là, M. Marius fit un beau discours suivi de quelques paroles de M. Dévot que malheureusement nous n'avons pas, et le poëte Justin Lhérisson lut, d'une voix vibrante, un sonnet intitulé : « La voix du Centenaire ».

Discours de M. Marius :

Sur le sol fécond d'Haïti, le soleil radieux du 1er Janvier 1804 fut témoin de l'accomplissement d'un événement prodigieux dont l'issue glorieuse venait d'étonner l'univers entier : l'anéantissement du joug de fer du régime colonial et la fondation de l'Indépendance nationale. En effet, les indigènes de Saint-Domingue, animés de l'esprit de liberté et d'égalité politique et sociale, s'étaient constitués, dès ce jour, en un nouveau peuple libre, autonome, indépendant.

Du même coup, la nation haïtienne était fondée.

Agée aujourd'hui seulement d'un siècle, mais pleine de verdeur et de vitalité, elle affirme vigoureusement son existence inébranlable sur la grande carte des puissances souveraines.

Lorsque nos pères se levèrent en masse pour renverser et anéantir, à Saint-Domingue, la monstrueuse domination étrangère, ils devaient d'abord reconnaître l'autorité suprême de l'un d'eux, qui réunissait les aptitudes requises pour mener à bonne fin le mouvement révolutionnaire qu'ils venaient d'inaugurer.

Ce fut Jean-Jacques Dessalines, doué d'un génie militaire

sans égal, qu'ils choisissaient pour les conduire à la victoire ou à la mort! Son énergie, sa fermeté, son inflexibilité et sa bravoure, incontestablement manifestées sur tous les champs de bataille, ont prouvé que ses aptitudes militaires le rendaient digne de diriger la révolution émancipatrice dont il était devenu la principale personnification. Je ne vous apprendrai pas, Mesdames, Messieurs, que Dessalines avait accompli glorieusement la tâche importante et périlleuse qui lui avait été confiée.

Ce fut une œuvre merveilleuse que celle qu'il conduisit vaillamment pour délivrer ses frères de l'odieux régime colonial et les venger des ignominieuses humiliations qu'ils subissaient.

Dessalines, vengeur et libérateur de sa race trop longtemps opprimée, fut superbe d'audace et d'héroïsme! Les mesures sévères qu'il autorisait pour assurer le succès de la cause sainte qu'il défendait, ne furent que les conséquences naturelles des atrocités commises froidement par les esclavagistes pour empêcher que les descendants de la race noire ne parvinssent à jouir des droits positifs de l'homme et du citoyen.

Dessalines fut donc au premier rang parmi ces vaillants compagnons de gloire. Son rôle pendant les guerres de l'Indépendance, a été immensément grand, incomparable; son nom brillera toujours au-dessus des preux guerriers qui ont illustré cette époque célèbre! Vous tous, acteurs connus et inconnus qui, dans le temps, aviez bravé les belliqueuses légions étrangères, venez vous grouper, ici, autour de Dessalines, votre héroïque général en chef, pour contempler la sublimité de son œuvre de revendications égalitaires de la race noire! Et vous, signataires résolus de l'Acte énergique de l'Indépendance d'Haïti, venez nous retracer ses inimaginables et glorieux faits d'armes, ses étonnantes qualités natives dans l'art difficile de la guerre!

C'est vous-mêmes qui aviez signalé à la postérité la plus reculée ses hautes aptitudes militaires. Vous, surtout, qui l'aviez vu les déployer courageusement dans tous les combats offensifs et défensifs, venez nous peindre son héroïsme infatigable et la merveilleuse habileté stratégique et politique par lesquels il se recommandait à l'admiration enthousiaste et à l'obéissance passive de ses courageux auxiliaires ! Aujourd'hui, le peuple érige, sur tous les points du pays, des trophées de gloire, en témoignage de la profonde reconnaissance qu'il doit aux illustres héros qui, en 1804, ont définitivement assigné à la race noire sa place au sein de l'humanité. C'est bien équitable qu'il décerne à Dessalines, leur invincible chef, qui a été le premier à la peine, les honneurs de l'apothéose !

Voilà cent ans révolus, ô grand Dessalines, que vous avez proclamé, aux Gonaïves, l'indépendance souveraine de la nationalité haïtienne.

Vous et vos braves généraux aviez juré, unanimement, de combattre jusqu'au dernier soupir pour l'Indépendance d'Haïti et de mourir plutôt que de vivre sous aucune domination étrangère.

Devant votre tombeau, valeureux Dessalines, immortel héros ! nous venons prendre l'engagement solennel de respecter ce serment redoutable qui restera pour nous toujours sacré et inviolable !

En ce jour d'instructives méditations, les Haïtiens, s'inclinant filialement, s'unissent, dans une patriotique dévotion, pour chérir et honorer votre nom vénérable !

Gloire éternelle à la mémoire héroïque de Jean-Jacques Dessalines !

Vive l'Indépendance Nationale !
Vive l'Union de la Famille Haïtienne !
Vive la Paix !

Puis l'Acte de l'Indépendance fut lu par M. Sténio Vincent.

De la tombe de Dessalines, le cortège se rendit à la tombe de Pétion, où M. Jérémie, président d'honneur de l'Association nationale du Centenaire, dit le beau discours suivant :

Citoyens,

Nous consacrons cette journée de prières civiques à la mémoire des fondateurs de l'Indépendance Nationale. L'âme de la patrie plane sur la tombe des morts, et le vieil écho de cent ans redit aux fils les espérances des aïeux.

Pourquoi les peuples, aux jours des grands anniversaires, font-ils ce pèlerinage aux tombeaux de leurs bienfaiteurs et des martyrs? C'est pour méditer, c'est pour reconnaître que d'une vie de misères, pleine de luttes fécondes, sort l'immortalité. De l'œuvre de nos pères aucune parcelle ne peut se détacher sans désagrégation pour l'ensemble. Mais on peut un instant rappeler un nom et dire comment il est entré dans le moule à l'heure de la fusion de toutes les énergies.

Alexandre Pétion était gros de l'œuvre à accomplir. Il avait la puissance du prévu qui est le génie en politique. Les hommes supérieurs ne procèdent pas par bonds. Ils ne prétendent pas, dès le début, briller au premier rang, car ils savent que la vanité conduit à l'échec. Ils se dépensent sans envisager la récompense immédiate de leurs sacrifices; ils attendent de la postérité la classification des mérites. Ils ne restent pas étrangers à leur temps, sous prétexte qu'on ne peut prêter un concours efficace au mouvement dont on n'a pas eu l'initiative. Portant loin leurs vues, au contraire, ils viennent démêler ce qui est confus dans la pensée des initiateurs, imprimer aux événements un cours normal. Leur apparition sur la scène semble commander aux circonstances. L'histoire dira qu'ils ont été les premiers, soit par leur courage, soit par la sûreté de leur coup d'œil. C'est ainsi que Dessalines et Pétion sont inséparables dans la gloire. Après la déportation de Toussaint-Louverture, les nègres campés dans les hauteurs, souvent traqués par les agents de la métropole, toujours torturés par la faim, étaient les seuls représentants de l'idée de justice. Ils portaient en eux-mêmes cette attestation de la conscience, le sentiment de la liberté. Ils personnifiaient toutes les protestations: protestation par l'idée, protestation par les armes, protestation par la volonté. Les chefs de bande étaient des hommes obscurs. Les idées les plus vivaces viennent d'en bas comme la graine sort de terre. C'est une loi de la nature qui veut que toute chose destinée à une vie durable se fortifie dans les profondeurs avant de s'épanouir à la surface. Dessalines, Pétion, Christophe, Clerveaux, tous les signataires de l'Acte de notre Indépendance, sont les produits de cet enfantement formidable qui a étonné le monde. Ils ont été entraînés par les Africains qui avaient juré de vaincre ou de mourir pour la Liberté.

Nous venons glorifier Pétion parce que, selon les prévoyances humaines, il aurait pu, sans l'abnégation dont il a fait preuve, empêcher l'adjonction des forces disséminées et faire avorter dans sa dernière phase la révolution de Saint-Domingue. Son ascendant sur les affranchis de l'Ouest et du Sud a facilité le rapprochement des classes qu'on avait rétablies pour mieux nous affaiblir. A ces moments de fièvre où le commandement suprême est encore en réserve, on n'attend pas le pouvoir si on dispose de la force, on le prend. Pétion l'eût fait, mais sans profit pour l'unité indigène. Il sut éviter cette responsabilité pour assumer celle plus redoutable de contribuer à l'émancipation générale. L'égoïste ramène tout à sa personnalité: son cœur est petit et son esprit étroit. Mais l'homme fait pour la postérité méprise les clans et les coteries qui le réclament et dirige toutes ses actions vers l'accomplissement de ses desseins généreux. Nul n'a mieux compris Dessalines. C'étaient deux tempéraments opposés l'un à l'autre, mais ils avaient des vues également larges. Qu'importe qu'ils aient différé plus tard d'opinion sur la forme du gouvernement! n'essayons point de diviser ces deux hommes immortels que la reconnaissance de la patrie a ensevelis dans une même gloire.

Nous invoquons l'âme des héros afin d'être forts contre nos propres faiblesses. En nous éloignant de ce tombeau, gardons en nos cœurs le souvenir de cet homme qui fut notre premier philosophe politique. Appliquons-nous à dissiper comme lui les méfiances. Nos rêves les plus beaux s'évanouiront si notre patriotisme ne s'élève à la hauteur du sien. Il voulait l'avancement de ces déshérités qui remuent le sol et qui sont les vrais gardiens de notre Indépendance. N'oublions pas que si nous sommes aujourd'hui des hommes capables de penser et d'agir, nous le devons à ceux-là qui, comme eux, réclamaient le droit de vivre en travaillant. On aime la patrie dans ses concitoyens. Haïtiens, jurons de nous aimer.

Après ce discours, l'Acte de l'Indépendance fut lu par M. Charles Germain. C'était pour la troisième fois qu'on venait de l'entendre. Cette lecture, ainsi répétée, avait quelque chose de solennel qui pénétrait le cœur et l'esprit et portait à la méditation. La pensée se portait sans effort vers ces trois mots sublimes dont notre Haïti a fait sa devise: *Liberté, Egalité* et *Fraternité*, et l'on s'est demandé peut-être, au fond de sa conscience, si pendant le cours de ce siècle qui vient de s'écouler nous avons toujours été dignes de cette devise si noble, et si, pour affirmer cette Indépendance, fruit glorieux du sang de nos ancêtres, nous avons su vivre dans l'amour, dans l'unité de l'esprit, dans la justice?

Invités par le général Carrié, les membres de l'Association se rendirent à l'hôtel de l'arrondissement, où ils eurent une très brillante réception. De nombreux toasts furent portés par MM. S. Marius, Justin Dévot, Sténio Vincent, Justin Lhérisson, toasts auxquels répondit le général Carrié. Quittant l'hôtel de l'arrondissement, les membres de l'Association se transportèrent au Petit-Théâtre où furent chantés la *Dessalinienne* et l'hymne de Robert Geffrard, puis se séparèrent vers deux heures de l'après-midi.

Nous allions oublier de dire que la veille de ce jour une salve de cent un coups de canon fut tirée, vers six heures du soir, par toutes les fortifications de la ville, et répétée le lendemain matin, tandis que les maisons se pavoisaient.

LA BÉNÉDICTION DES DRAPEAUX

7 FÉVRIER 1904

Discours du R. P. PICHON.

Monsieur le Président,

Messieurs,

Avant de procéder à la bénédiction des drapeaux, laissez-moi offrir mes remercîments et mes félicitations au Gouvernement et à l'Association Nationale du Centenaire pour cette pensée chrétienne et politique d'inviter le Clergé à cette solennité. Pensée chrétienne, Messieurs les membres du Gouvernement : en appelant la bénédiction de Dieu sur ces drapeaux, vous faites acte officiel de foi en sa puissance. Pensée politique, Messieurs du Centenaire, car la présence du Clergé achève de donner à cette solennité son caractère pacifique. Veuillez donc en agréer mes félicitations et mes remercîments.

Soldats, je vais bénir vos drapeaux. Vous êtes soldats et chrétiens; que le Drapeau vous soit deux fois sacré : sacré parce qu'il est le symbole de la Patrie, il vous rappellera le devoir, le respect, l'ordre, la discipline, vertus militaires; aimez le. Sacré, il va l'être encore par la bénédiction; et si un jour, sur le champ de bataille la mort glorieuse s'approche de vous, jetez sur le Drapeau un divin regard, il est béni, sa vue comme celle du crucifix vous ouvrira les cieux.

Aussi quand tout à l'heure, la main ferme, mais le cœur ému, votre Chef suprême vous remettra le drapeau, recevez le comme un dépôt sacré confié par la Patrie et par Dieu à votre fidélité, à votre vaillance et à votre honneur.

Messieurs,

Le programme de ce jour ne me donne pas la parole, mais non plus ne me l'interdit. Je tenais à dire un mot en cette fête, comme représentant officiel de notre Eglise Nationale. Je saisis cette occasion pour parler. Reportez-vous à quelques semaines en arrière. De beaux projets étaient adoptés pour faire de notre Centenaire une prodigieuse manifestation de foi patriotique. Puis vint l'heure de l'action. Et je me disais : Quoi! pas même un monument aux fondateurs de notre indépendance. Et j'en fut attristé comme d'une preuve d'indifférence et de scepticisme de la Nation. Et voilà qu'en passant sur ce Champ de Mars, je vois tout d'un coup s'ouvrir des fondations, grandir un piédestal, et la statue tant désirée y monter. Pourquoi cette ardeur et cette persévérance auxquelles nous n'étions plus habitués? Il restait donc en vous quelque chose de fort, d'énergique? Oui, rendons ici hommage à l'énergique volonté de votre chef. Il a compris que ce monument devait s'élever. Nous le devions à notre fondateur, nous le devions au peuple.

* * *

Oui, Messieurs, nous devions ce monument à notre Fondateur ; le peuple le réclamait parce qu'à ses yeux l'immortel J. J. Dessalines restera toujours l'incarnation du patriotisme intégral, tel que le peuple le désire. Oui, Dessalines restera le héros de l'indépendance : tous ses actes, même ceux que l'histoire ne comprendra pas, puisqu'elle ne voit que les faits, non l'idée, tous ses actes n'ont eu qu'un but : nous donner une patrie et nous la garder. Il a réussi ; que la gloire seule désormais environne son nom!

Et Messieurs, rétablissons les événements dans le cadre où ils se sont écoulés. Retournons à 1800. Voyez notre sort, ou plutôt, détournons en les yeux, car c'est fini, et ces jours maudits ne reviendront plus, mais comprenez quelle colère et quelle terrible indignation bouillaient dans ce cœur ; voyez la grandeur de la tâche, les craintes affolantes du retour possible du passé abhorré, et vous comprendrez que cette main de fer ait tout broyé. On ne demande pas aux héros l'onction du diplomate, mais qu'il marche, brise tout sur sa route; pourvu qu'il plante le drapeau de la liberté, peu importe le prix. En vérité, Hercule ferait triste figure, avec, à la main, un rameau d'olivier; ce qu'il lui faut c'est une massue !

Ah ! Messieurs, sachons être justes, même envers les nôtres.

Messieurs, tous les peuples ont eu leurs héros. Je vous citais Hercule : la Grèce lui éleva partout des statues et ne voulut pas se souvenir qu'il oublia lui même sa gloire aux pieds d'Omphale; Rome eut Romulus, et quand elle coula, dans un seul bloc d'airin, Romulus, Rémus et la louve qui les allaita, elle oublia que Romulus tua de sa main son frère. La France a eu Napoléon, et ce nom est resté populaire dans cette nation, bien que cet homme dévorât plus de deux millions de ses enfants; Cromwel, en Angleterre, Bismark, en Allemagne, Pierre le Grand, en Russie, tous ses grands généraux ont eu la main lourde. Cela n'a en rien diminué leur gloire, au contraire, le peuple admire la force, même la force contre lui, quand elle atteint certaines mesures. Notre héros a une gloire égale à la leur, et si sa main fut également lourde, reconnaissons y la marche ordinaire du génie et inclinons nous religieusement.

Oui, cette statue devait s'élever et nous n'avons eu qu'un tort, c'est de ne l'avoir pas fait plus tôt.

Mais nous ne devions pas seulement à notre Fondateur, ce monument, nous le devions au peuple.

Messieurs, il y avait une lacune dans notre éducation, le manque des traditions. Nous ne vivions pas du passé, de nos gloires, et comme l'heure présente est parfois lourde à porter, nous restions accablés sans qu'aucun ressort nous relevât. Voilà 15 ans que je milite au milieu de vous, j'ai vécu dans les campagnes comme dans les villes; eh bien, sans quelques rares individualités, j'ai remarqué que les idées des hommes ne dépassent pas le temps de leur jeunesse. Nul lien avec le passé! nulle part je n'ai entendu le récit des luttes héroïques de nos Pères; tout est déjà tombé dans l'oubli et je ne sais même pas si nous arriverons jamais à reconstituer notre histoire : quelques faits secs, sans poésie, sans l'âpre parfum de l'âme populaire; pas une épopée de nos gloires, pas un cœur chaleureux que cette œuvre ait tenté !

Ah ! il n'en est pas ainsi des autres peuples ! La gloire de nos ancêtres est toujours vivante au sein de la patrie. C'est au récit de leurs exploits fabuleux que la mère berce son enfant. Et ses hauts faits, agrandis, centuplés par les générations, forment l'histoire populaire où l'enfant puise, avec des désirs de grandeur et de force, le vrai patriotisme.

Cette lacune il était temps de la combler. Il y a donc ici plus qu'une œuvre d'éducation, et les circonstances dans lesquelles elle se produit, l'unanimité qui nous groupe, le sentiment de paix qui en émane, est le premier vers cette légende que nous avons à écrire avec l'airain sur tout le territoire de la Patrie ; car notre œuvre n'est que commencée, et nous n'aurons le droit de nous arrêter que lorsque nous aurons élevé un monument pareil à tous les collaborateurs de Dessalines dans cette œuvre grandiose : la fondation de la Patrie haïtienne.

Oui, Messieurs, c'est déjà la légende et nous devons y applaudir, car déjà la personnalité, pourtant si énergique de celui que nous glorifions en ce jour, s'estompe et se confond dans une idée grande, éblouissante : l'idée de patriotisme. J'en fais appel au plus profond de votre cœur; sondez-le et vous verrez que le sentiment qui vous domine, qui explique et justifie tout c'est votre propre patriotisme que vous voulez affirmer et conserver dans ce bronze.

C'est pourquoi je dirai aux critiques : votre place n'est pas ici ; elle est dans vos livres, œuvres de passion, nous, c'est le peuple loyal, droit qui acclame son Fondateur.

C'est pourquoi je dirai aux hommes de partis : vous aussi, votre place n'est pas ici : vous avez discuté cet homme que nous acclamons, et nous, nous sommes la nation, la nation unie, indivisible, notre Fondateur est à nous tous.

C'est pourquoi enfin, je dirai aux sceptiques également : votre place non plus n'est pas ici : vous n'avez pas la foi, la foi dans la patrie. Vous ne comprenez rien à l'âme populaire;

allez porter ailleurs votre acrimonie et vos figures bilieuses ; nous, nous sommes ici à l'enthousiasme et à la joie.

Et vous drapeaux chéris, qui portez dans vos plis soyeux l'âme de la patrie, inclinez vous joyeusement devant notre libérateur pendant que nos cœurs crieront vers le ciel cette ardente supplication :

Dieu garde à jamais la Patrie.

JEAN-JACQUES DESSALINES (*)

Mesdames,

Messieurs,

Une nation souveraine vient commémorer l'héroïsme d'un homme qui fut grand. Depuis cent ans, cette nation résiste aux plus violentes secousses, et c'est cet homme qui l'a fondée. La statue de Jean-Jacques Dessalines est toute une épopée. C'est l'histoire d'un cœur ouvert, par la férocité des maîtres, aux homicides colères, c'est l'effacement d'une souillure, la transfiguration du honteux esclavage en liberté, en gloire. L'œuvre de Dessalines est complexe et merveilleuse. Il a réalisé trois principes: la liberté, la nationalité, l'indépendance. Une seule de ces conquêtes suffirait pour l'immortaliser.

Né dans la servitude, au milieu de tous les préjugés qui accablaient sa race, servitude plus lourde et plus humiliante que celle de ce peuple gémissant qu'autrefois délivra Moïse, il se redresse indigné, relève l'épée de Toussaint Louverture et la porte flamboyante devant la justice en courroux. Il ne déposera cette épée que sur l'autel du Dieu vivant, au jour du sublime hosanna entonné par sa race régénérée. Son nom, synonyme de la terreur, sera déchiré par la calomnie; il lui

(*) Discours prononcé, le 7 février 1904, par M. Jérémie, pour l'inauguration de la statue de Jean-Jacques Dessalines sur la place d'armes de Port-au-Prince.

sera reproché d'avoir usé de violence contre l'oppression, d'avoir été inhumain envers l'iniquité.

Rien n'est plus rancunier que l'intérêt. La morale universelle protestait contre l'exploitation de l'homme par l'homme, mais les peuples, depuis l'antiquité, considéraient l'esclavage comme un mal nécessaire. Restaurer dans l'homme avili par l'égoïsme social, la nature et ses droits, c'était détruire les fondements de l'humanité. Dessalines a fait fi de cette rancune du passé; le geste du héros a remué son siècle. Tant qu'on forgera des chaînes pour une portion du genre humain, il y aura des justiciers.

Notre émancipateur n'a pas fait la guerre à une nation, mais à une institution infâme tolérée par les âges. Ce n'est pas le gouvernement d'une puissance altière qu'il a renversé à Saint-Domingue, mais un régime que le monde civilisé avait adopté pour le développement du commerce et de l'industrie. Dans ses actes il nommait ceux que les événements avaient mis en face de lui, son intention vraie était d'anéantir la domination étrangère. Il a fallu toute sa fierté d'âme pour montrer à l'Univers que le devoir des noirs n'était pas dans l'obéissance mais dans la liberté. Sa hardiesse a projeté un jour nouveau sur la sociologie.

Pour la première fois dans l'histoire, on a vu des hommes sans famille, systématiquement éloignés des rapports sociaux, parvenir à travers la mitraille et la mort, à la haute conception de la nationalité. Des nomades sortis de l'Asie avaient envahi l'Europe et subjugué l'Afrique, la barbarie avait épuré la civilisation; mais la liberté du désert, la constitution de la famille et l'autorité patriarcale avaient favorisé ces deux grands mouvements. Le nègre au contraire, arraché à la terre natale, était privé de tous les éléments constitutifs de la sociabilité. Insouciant de la vie, comment pouvait-il s'élever à cette abstraction : la nationalité? La nationalité, c'est l'effort collectif, la joie et la souffrance au souvenir des mêmes succès et des mêmes revers, c'est la destinée commune. Le nègre ne s'appelait pas citoyen. Sur les mers c'était une marchandise que couvrait le pavillon du commerce, dans les champs une bête de somme soumise à la reproduction. Il changeait de maître sans changer d'état civil : ce n'était pas une personne. S'il passait d'un pays à un autre, il ne franchissait pas de frontière : il n'avait point de patrie. Et lorsque la société voulait punir la faute des maîtres, ses enfants étaient confisqués. Faire de toutes ces unités insignifiantes l'agrégat d'une nation, c'est accomplir quelque chose d'immense. Cette création eût été impossible si Dessalines n'avait incarné en sa personne un profond sentiment, le sentiment de sa race.

Après lui, en dépit de toutes les divisions, telle sera la substance de l'esprit public. On ne séparera pas la nation de la race. L'histoire d'Haïti sera l'histoire de la race noire s'affranchissant de l'opprobe au prix des plus rudes péripéties et marchant à ce but divin, la fraternité. Le sentiment de notre race est la raison dominante de la nation haïtienne. Là nous retrouvons notre origine, notre humiliation et notre gloire.

Mais, Messieurs, si le principe des nationalités est respectable, il n'assure pas complètement la stabilité politique. Dessalines, génie du moment, a encore fondé l'Indépendance. Voilà le couronnement de son œuvre grandiose. Il a voulu nous léguer une patrie dans le sens absolu du mot, une patrie à conserver, une patrie à défendre. Jusqu'à lui, l'audace n'avait jeté à l'orgueil des puissants États un pareil défi. Washington, maitre incontesté d'un vaste domaine; Washington habitué à la direction et secondé par des hommes d'une rare culture intellectuelle, a fondé l'Union Américaine. Dessalines, esclave, conduisant des parias toujours prêts à s'insurger centre l'autorité d'un seul; Dessalines que l'on ne croit pas tout à fait homme forge une nation. L'un monte sur un piédestal avec « la question des taxes », l'autre pose devant le regard des siècles, signant avec le glaive la délivrance de ses frères martyrs.

Si, dans l'exercice de la souveraineté, il est une différence entre les deux peuples, l'observateur impartial tiendra compte des deux origines.

L'ingratitude a souvent appauvri la sève de notre vitalité. En remontant à 1804, nos détracteurs auraient voulu trouver en Dessalines les qualités d'une éducation raffinée, les vertus des mœurs policées. Nous aussi, nous avons condamné chez lui cette mâle énergie qui caractérise les facteurs d'hommes, les fondateurs de peuples, et nous avons cru souvent que, par respect pour le progrès et pour nous-mêmes, nous devions prononcer son nom avec horreur.

Pour que notre héros reste digne à jamais de nos hommages, Messieurs, il n'est pas nécessaire de lui composer à l'heure de l'apothéose, une figure sans défaut. Que la statue du loyal soldat soit dressée dans la vérité.

L'humanité est si imparfaite que les nations émergent au bruit du canon et qu'elles n'exigent pas des grands hommes la sérénité des saints.

Une âme jetée dans la fournaise d'une révolution émancipatrice reçoit un tempérament vif et brûlant. Les représailles assombrissent certainement l'éclat des œuvres les plus pures, et c'est là la faute originelle que toutes les nations s'efforcent de faire oublier en se conformant à l'idéal de justice qui les a poussées à la conquête de l'égalité et du droit.

Dessalines fut plus inquiet que ses contemporains parce qu'il avait plus de responsabilité. En assumant le Pouvoir suprême pendant la guerre et après le succès, il nous a montré deux idées, l'idée de conservation et l'idée de perfectionnement. La première, c'était la réaction contre l'esprit de conquête. Il disait :

« Cette terre est notre patrimoine. Malheur au puissant qui portera la main sur la brebis du pauvre. Ce sera le signal de sa décroissance. Cette proie lui sêra disputée tôt ou tard, sa fortune et ses armes seront englouties dans les flots mugissants. »

Il avait aussi des vues pacifiques sur l'avenir. Entente et harmonie parmi vous ! voilà son testament.

Tu as déposé dans ton œuvre politique et sociale le germe de la perfection. Tu nous a donné la propriété, nous la féconderons par le travail. Nos plus éclatants triomphes seront le fruit de ta sollicitude. Ta voix retentira toujours dans la pensée des générations nées de ta race.

Salut, ô sentinelle!

LIBERTÉ — EGALITÉ — FRATERNITÉ

RÉPUBLIQUE D'HAITI

AU NOM DE LA NATION

PROGRAMME

Pour la Commémoration du Centenaire de la mort de

JEAN JACQUES DESSALINES

Fondateur de l'Indépendance Nationale.

Par décision du Gouvernement, un service funèbre sera célébré le 17 octobre 1906, dans chaque commune de la République en y ajoutant de solennels honneurs militaires en commémoration de la mort de l'Illustre Fondateur de la Nation Haïtienne

JEAN JACQUES DESSALINES

Les fonctionnaires civils et militaires, les employés publics, ainsi que les élèves des écoles y assisteront.

A Port-au-Prince, cette cérémonie religieuse aura lieu à la Cathédrale, à huit heures du matin.

Mardi, 16 octobre, dès midi, le canon de deuil sera tiré de quart d'heure en quart d'heure et la cloche sonnera le glas par quart d'heure. Au coucher du soleil, une salve de vingt-et-un coups de canon, tirée au Fort National, annoncera l'ouverture de la manifestation commémorative, cette salve sera renouvelée le lendemain, au lever du soleil.

Ce jour, le canon de deuil sera tiré de quart d'heure en quart d'heure par toutes les fortifications de la ville et les navires de guerre en rade, à tour de rôle.

Le pavillon national sera arboré à demi-mât à tous les édifices publics.

Mercredi 17 octobre, à 7 heures du matin, le Commandant de l'Arrondissement fera prendre aux troupes de la garnison et à la garde nationale, leur ligne de bataille aux abords de la Cathédrale. L'artillerie y prendra la position accoutumée. A sept heures et demie se réuniront à l'Eglise : les élèves des Ecoles, accompagnés de leurs Directeurs et professeurs, etc, le Lycée National, l'Ecole de Médecine, l'Ecole de Droit, les officiers de l'Etat-major et tous les fonctionnaires et employés du Gouvernement.

Des officiers supérieurs, des Membres de l'Association Nationale du Centenaire et le Corps des Pompiers monteront la garde autour du buste de Dessalines, transporté à l'Eglise, où il sera déposé devant le sarcophage.

Le Président de la République, accompagné du Conseil des Secrétaires d'Etat, sera reçu à l'Eglise par le Clergé.

Des sièges seront réservés dans le chœur pour les membres du Corps Diplomatique et ceux du corps consulaire, du corps Législatif et du corps judiciaire.

Les maîtres de cérémonie conduiront chaque corps ou dignitaire à la place qui lui est destinée. Durant la cérémonie religieuse, trois salves de ving et un coups de canon seront tirées.

Sont spécialement conviés à la manifestation commémorative :

Les Sénateurs et les Députés présents à la Capitale,

Le Tribunal de Cassation et le Parquet,

La Chambre des Comptes et ses employés,

Le Tribunal civil et le Parquet,

Le Tribunal de Commerce,

Les Tribunaux de Paix,

Le Conseil Communal et ses employés,

Les officiers de l'Etat civil,

L'administrateur des finances, le Directeur et les Inspecteurs de la Douane et leurs employés,

Le Commissaire du Gouvernement près la Banque et son personnel,

Les Inspecteurs et sous-Inspecteurs de l'Instruction Publique et leur personnel,

Les Clergés des différents cultes,

Les Notaires,

La Presse,

Le Commerce,

La Société de Législation,

L'ordre des Avocats,

Les Chefs de Divisions, les chefs de Bureau et les employés des Secrétaires d'Etat,

Le Directeur du Moniteur, le Directeur de l'Imprimerie Nationale, le Directeur de l'Enregistrement, l'Administrateur général des Postes et leurs employés,

Le Directeur général de la Recette et de la Dépense et son personnel,

Le Directeur du Bureau Central du Timbre et son personnel,

Le Directeur du Magasin de l'Etat et son personnel,

Le Directeur des Archives générales,

Le Personnel des Ingénieurs Civils,

La Corporation des Arpenteurs géomètres,

Le Directeur de l'Arsenal et son personnel,

L'Inspecteur de l'Hôpital militaire et son personnel,

Le Directeur général du Service de santé dans les Hôpitaux de la République,

Les officiers du Service de santé,

Le chef des mouvements du port et ses adjoints,

Les officiers de la marine et les médecins du port,

Le Directeur des Chantiers et Forges de Bizoton,

Le Directeur de la maison Centrale et son personnel,

L'Ecole des Sciences Appliquées,

Les Généraux qui ne sont attachés à aucun Corps,

Les Corporations existant à Port-au-Prince,

La Direction et le Personnel des Chemins de Fer de la Plaine du Cul-de-Sac,

En général, les personnels de tous les bureaux publics.

Au sortir de l'Eglise, l'Armée ainsi que les Elèves des Ecoles précéderont le cortège et des corps de musique joueront des marches funèbres durant le parcours pour se rendre au Cimetière intérieur où est déposé le mausolée de l'Immortel Fondateur de l'Indépendance. Des couronnes et des palmes y seront déposées.

Pendant que le Comité de l'Association Nationale du Centenaire chantera l'Hymne national « La Dessalinienne » devant le tombeau de Dessalines, une salve de vingt-et-un coups de canon sera exécutée.

En quittant le Cimetière intérieur, le cortège se transportera sur la Place du Champ-de-Mars où est érigée la Statue de Dessalines.

Là, le Président de l'Association Nationale du Centenaire prononcera un discours apologique en mémoire du Fondateur de l'Indépendance.

L'armée, sous le haut commandement du Secrétaire d'Etat de la Guerre, défilera devant la Statue.

Les Corps de musique joueront la grande marche militaire « 1804 » et l'Hymne national « La Dessalinienne » et l'artillerie exécutera une salve de cent-un coups de canon.

Il y aura ensuite réception au Palais National.

Le soir, illuminations générales.

Fait à la Secrétairerie d'Etat de l'Intérieur et de la Police générale, le 10 Octobre 1906, an 103e de l'Indépendance.

Le Secrétaire d'Etat de l'Intérieur :

PÉTION PIRE-ANDRÉ.

LE CULTE DES AIEUX (*)

Mesdames,

Messieurs,

Après les manifestations grandioses des 1er et 2 Janvier, où la nation tout entière a payé le suprême tribut de reconnaissance aux fondateurs de la patrie, il restait à l'Association mixte de l'Oeuvre Chrétienne un devoir particulier. C'est ce devoir que nous venons remplir en disant aux héros de l'Indépendance: Inspirez nos actes.

Notre œuvre a pour but de répandre l'amour dans la société haïtienne. Rien n'a mieux servi à montrer dès l'origine la puissance de cette vertu que l'œuvre créée par ces hommes grossiers que le fer de l'esclavage avait meurtris. Divisés par les calculs aveugles des maîtres, ils s'étaient rapprochés pour devenir invincibles. Après avoir accumulé des trésors d'abnégations, ils ont construit une force, et cette force a détruit le superbe édifice d'iniquité qui insultait à la liberté méconnue. Ils nous ont appris que la meilleure définition de l'union c'était le support mutuel, c'est-à-dire l'action commune dans le succès comme dans les revers.

Nous devons une reconnaissance éternelle aux héros de 1804 moins parce qu'ils ont réussi que parce qu'ils ont souffert. Sans leurs souffrances ils seraient sans doute grands pour avoir fait de grandes choses, mais ils seraient moins

---

(*) Discours prononcé le 25 janvier 1920 par M. Jérémie à l'Association mixte de l'Œuvre Chrétienne.

vénérables. Ils ont connu la douleur sainte et créatrice. C'est ce qui les élève au-dessus de tous ceux qui ont servi la patrie après eux.

Le culte des aïeux, ce n'est pas un retour vers les morts en un jour solennel ; c'est un souvenir vivant, une action perpétuelle dans la pensée de continuer ceux qui ont légué comme héritage la terre qui a bu leur sueur et leur sang.

Le culte des aïeux s'affaiblit dans les âmes quand on ne veut pas le montrer par des actes extérieurs. Que la drisse tenue par la main d'un enfant fasse monter au sommet du mât le drapeau rouge et bleu, il n'y aura qu'un frissonnement dans la foule pour saluer l'emblême sacré. Que tous sacrifient leurs rancunes et se donnent le baiser de paix, il n'y aura qu'une patrie à servir.

Les haïtiens ont comme une création à entreprendre. Le culte des aïeux leur donnera la lucidité nécessaire. Quelle route faut-il suivre pour arriver au but ? Les circonstances sont diverses, les plans qu'elles dessinent varient à l'infini ; mais la raison reste identique à elle-même. Des nécessités inéluctables nous commandent de nous rapprocher de plus en plus, d'unir nos esprits et nos cœurs sous le regard satisfait de nos pères.

C'est par le culte des aïeux qu'on est digne de la patrie. Il ne reste que des vestiges de la liberté lorsque les citoyens n'éprouvent plus d'émotion à l'appel des noms gravés sur la pierre fondamentale de la patrie. Ces noms remettent en la mémoire les principes à respecter. Le progrès qu'appellent nos vœux ne sera que le résultat de la concentration d'attention dont nous serons capables pour consolider l'œuvre des initiateurs.

Le patriotisme, c'est l'évocation de tous les souvenirs qui font l'honneur d'un peuple. Lorsque cette élévation des esprits se fait en une heure où tous regrettant leurs fautes, cette heure est sainte. Puisque le progrès est une marche en avant, il faut qu'Haïti entretienne en elle-même son principe d'action. Ainsi, elle avancera en dépit des obstacles qui se dressent devant elle. Il fut un temps où l'orateur ne glissait qu'avec timidité 1804 dans son discours. L'image du groupe glorieux des héros fondateurs était devenu un lieu commun que les écrivains de talent commençaient à éviter. C'était la chute qui s'annonçait.

Nous ne sommes pas de ceux qui disent : « Nos pères ont fait leur œuvre, faisons la nôtre sans les imiter. » Il y a plusieurs tâches, mais une seule œuvre, et nous ne pourrons pas la changer tant que nous serons haïtiens.

Il serait insensé de nier les retards, même les interruptions. C'est le sort des petits Etats de compter plus d'accidents dans leur existence que de chances heureuses. Ils demeurent, mais à la condition qu'ils restent fidèles à la pensée de ceux qui les ont fondés. Les pères ont traversé des heures douloureuses, les fils ne passeront pas sans souffrance de la faiblesse à la force. Le sacrifice est la condition essentielle du patriotisme.

Haïtiens ! avouons que nous avons plus d'espérance depuis les jours de solennelle commémoration où nous avons promis à nos pères de réformer le faisceau national dans la paix et dans l'union.

NOTRE PATRIMOINE D'IDÉES (*)

Mesdames,

Messieurs,

Il y a encore des hommes qui croient à l'action de la parole, bien qu'on leur crie: « le moment n'est pas aux discours ». Ils refusent cette scission entre ceux qui émettent des idées et ceux qui appliquent des idées. Ils gardent la croyance qu'une société qui ne s'élève pas par la pensée n'est pas une société d'hommes libres. Là où il n'y a pas d'idées à exploiter on ne trouve que des esclaves du bien-être, incapables d'acquérir le sentiment de la dignité personnelle. Non, Messieurs, le progrès n'est pas dans la contemplation béate des apparences; il est dans l'avancement de l'homme. Dès qu'une société commence à croire inutile le rôle des penseurs, elle cesse de veiller à sa conservation. Bientôt elle ne demandera plus que du pain et des jeux. Comme l'amour de la vie est un instinct invincible, ce peuple baisera la main qui l'opprime en lui offrant le pain. Nous voulons que tous acquièrent la liberté d'esprit et la liberté de conscience. Nous voulons donc que la vie d'Haïti soit une marche vers toutes les améliorations désirables.

On ne classe pas les nations d'après ce qu'elles ont fait dans le passé, mais d'après ce qu'elles sont. Elles sont quelque

(*) Discours prononcé par M. Jérémie à la Société Internationale d'Histoire et de Géographie, fondée par M. Jules Rosemond le 4 septembre 1919, et inaugurée le Dimanche 12 octobre de la même année.

chose par les faits contemporains et par les idées qu'elles nourrissent. C'est surtout par leur idéal qu'on les juge. Si les idées ne se reflettent pas dans les faits, la civilisation qui se constate est une civilisation végétative qui s'étiolera au premier changement survenu dans l'ordre politique.

Messieurs, les classes supérieures ont-elles conscience en Haïti des nécessités de l'heure actuelle ? Elles n'ont pas toujours connu les besoins du pays et le choc violent de 1915 ne les a pas subitement transformées. Mais, par le seul fait du mouvement initial qui les a engendrées et qui date seulement d'un siècle, elles portent en elles un principe qui les rend capables de se ressaisir et de retrouver la route perdue. Nous pouvons rentrer dans la voie, mais le voulons-nous ? Le jugement est suspendu ; il sera prononcé à cette heure où nous y pensons le moins. Nous avons à plaider notre propre cause, à soumettre au juge impartial qu'est l'opinion des peuples civilisés, toutes les attestations que réclame l'heure actuelle.

La nation haïtienne a un patrimoine d'idées inviolable. Si nous nous chargeons d'en montrer la valeur, nous en tirerons des avantages qu'aucune autre culture ne saurait nous procurer. Nous avons des idées qui n'ont pas été suffisamment creusées ; elles sont inféconde parce qu'on ne les a pas remuées avec désintéressement. Beaucoup de nos écrivains sont sensibles à l'épithète d'idéologues. Ils se découragent quand ils entendent dire qu'ils nagent dans le bleu. D'autres font profession de courir sus aux fervents de la fraternité. Ils se trompent quand ils croient prendre leur élan à ce prix. Leur positivisme diminue la portée de leur esprit, et le résultat qu'ils obtiennent reste bien au-dessous de ce qu'ils auraient pu obtenir s'ils étaient généreux.

Nous vivons sur un fonds d'idées peut-être difficiles à réaliser mais non irréalisables. Pour conquérir notre indépendance, il nous a fallu détruire de nos propres mains, entasser ruines sur ruines. Devenus peuple libre, nous avons eu à établir l'ordre économique sur un système nouveau. Notre jeu économique était fatalement en opposition avec nos principes de justice et d'égalité. Etabli sans proportion, pesant d'un seul côté, il a créé le malaise. Les meilleures intentions ont échoué parce que ceux qui souffraient le plus étaient rivés au terrain des faits sans savoir ce qui se passait dans la région des idées. Il y avait alors parmi nous des esprits très cultivés qui s'occupaient des hautes questions politiques, des hommes de cœur qui défendaient les humbles; mais, faute d'une ligue puissante pour la propagation des idées, les intentions droites n'ont pu prévenir le malaise général qui devait naître des conditions économiques.

Beaucoup de nos besoins sont encore les mêmes; bien des situations sont restées inchangées. Les idées d'autrefois seraient-elles dangereuses, vaines tout au moins?

Messieurs, quand nous lisons les écrits de nos prédécesseurs, nous y trouvons des tableaux qui sont des copies d'un même paysage avec seulement des changements de ton selon la position du soleil. Il y a donc chez nous quelque chose de réel qu'on ne saurait détruire; quelque chose qui n'a d'autre nom que celui-ci : l'âme nationale. Il survient quelquefois des coups d'orage qui changent l'aspect d'un pays. Mais alors le malheur de la patrie attache le cœur des enfants aux régions désolées et l'âme nationale se sent plus que jamais immortelle.

Si un homme demeure indifférent aux besoins de son pays à l'heure où le concours de tous est nécessaire pour affirmer la volonté de vivre, cet homme-là fait preuve d'une médiocrité irrémédiable.

Il ne s'agit pas de créer un parti ni de relever un drapeau. C'est le groupement de toutes les activités qui s'opère dans les liens puissants de la solidarité. Nous ne séparerons pas ce qui doit être uni. Nous tirerons de l'histoire tous les enseignements qu'elle comporte; mais nous nous garderons d'exécrer en masse le passé à cause de ses fautes. On ne se fait pas un esprit nouveau en reniant son origine. S'il y a des chutes dans notre histoire nous nous relèverons par notre conduite. Notre tâche serait une tâche impossible si nous voulions trouver une raison d'être contraire à celle qui a présidé à notre naissance comme peuple indépendant. C'est la lutte qui met au jour la force et qui l'affirme. Nous sommes en possession d'un patrimoine d'idées qui peut être glorieusement exploité. La Société Internationale de Conférences convie dans ce champ de labeur tous ceux qui ont soif d'agir par la parole, tous ceux qui veulent que les fils soient fiers des ancêtres.

Mais nous n'entendons pas encadrer les esprits dans une pensée uniforme, ni les soumettre à une discipline fatale à leur évolution. Nous demandons au contraire la liberté dans la discussion. Nous voulons qu'ici chacun s'affirme par son action personnelle. En examinant les idées déjà émises notre horizon intellectuel s'élargira, des idées nouvelles surgiront devant nous. Le vin de la parole grisera bien des cerveaux, mais il n'y aura pas de danger pour la collectivité si chacun apporte ici une âme d'apôtre. Le but de la société que nous inaugurons aujourd'hui sous la présidence de M. Jules Rosemond, le promoteur infatigable, c'est l'union des esprits et des cœurs. Si nous réalisons cela le jugement des autres nous sera favorable.

L'UNION PATRIOTIQUE

SÉANCE PUBLIQUE DU 26 DÉCEMBRE 1920

Discours de M. JÉRÉMIE.

Mesdames,

Messieurs,

C'est la vertu du patriotisme de poursuivre avec vigilance l'occasion favorable. Le spectacle qui s'offre à nos yeux en est la meilleure démonstration. Des hommes que la pudeur politique avait condamnés à l'isolement et qui pensaient qu'il n'y avait pas de place pour eux dans l'actualité, sont subitement attirés les uns vers les autres comme par un courant magnétique. Ils oublient leurs petites susceptibilités, — chez nous, les susceptibilités divisent plus profondément que les fautes graves. Ils oublient leurs raisons personnelles d'abstention pour répondre à l'appel de la raison suprême qui veut l'unification des forces. Ainsi, nous paraissons devant vous, unis de cœur et d'esprit, pour vous convier à l'action commune.

Ils ne sont ni jeunes ni vieux ceux qui sont appelés à prêcher l'union sacrée. Serait-il possible de montrer les représentants du passé et ceux du présent ? L'œuvre à accomplir ne permet pas ce morcellement de la patrie. C'est la génération de 1920 tout entière qui l'entreprend pour la conduire à ses fins.

Vous savez comment l'Union patriotique a pris naissance. Par des lettres reçues des Etats-Unis MM. Boco, Chrysostome Rosemond, Sténio Vincent, Price Mars et Pauléus Sannon ont appris quels avantages on pouvait tirer de la question haïtienne devant l'opinion américaine. Invités à provoquer une action d'ensemble entre les Haïtiens et leurs défenseurs aux Etats-Unis, blancs et hommes de couleur de toutes nuances, ils n'ont pas hésité à ouvrir la campagne. Hier, ils auraient rencontré dans leur pays l'indifférence la plus décourageante. Des Haïtiens placés au même rang qu'eux leur auraient répondu : « C'est à vous qu'on a écrit, agissez seuls. » Mais aujourd'hui les citoyens qu'ils ont consultés ont compris que l'abstention serait un crime de lèse-nation. Il n'y a dans cette assemblée qu'une âme. Ceux qui parlent ne sont que les délégués de ceux qui écoutent. Et lorsqu'ils viennent demander à tous les Haïtiens, à tous les amis d'Haïti, un concours en argent pour l'envoi d'une mission dans l'Amérique du Nord, ils sont assurés que leur démarche sera soutenue.

Messieurs,

D'où vient qu'au moment où le peuple haïtien réclame le plein exercice de ses droits, il en appelle des Etats-Unis aux Etats-Unis ? Il y a là-bas des hommes d'Etat qui obéissent à l'impulsion de l'idée de justice et dont la voix est écoutée dans le Congrès. Il y a là-bas des hommes qui luttent pour le droit à la vie et pour l'égalité devant la loi. Nos souffrances sont les leurs et les coups qui nous sont portés font jaillir leur sang.

L'histoire d'Haïti a ceci de particulier qu'elle est inséparable de la question de race. Elle nous montre, à sa première phase, l'assujettissement et l'extermination de la race des Indiens. La deuxième phase, qui s'ouvre à l'introduction en grand nombre des Africains dans l'île, s'arrête au couronnement de la lutte épique que les esclaves ont eu à soutenir contre leurs maîtres et qui a fait la liberté de Saint-Domingue. La troisième, qui date de 1804, se poursuit encore, malgré 1915 qui marque une interruption dont la durée sera courte si nous savons nous unir

Nul ne peut nous empêcher de dire qu'à ce passage de son histoire, Haïti menace de sombrer. Mais des voix s'élèvent comme une clameur: « Il ne faut pas qu'elle périsse, la petite nation ! » Ce sont des observateurs dans le lointain qui jettent ce cri d'inquiétude et d'amour. Ils sont nos frères ces publicistes, ces leaders, qui osent dire à la Maison Blanche: « Ecoutez les doléances, et voyez le bien immense à faire! »

La solidarité qui se manifeste avec tant d'éclat entre nous et les Américains de race chamitique, n'est pas soudaine. Pour trouver les causes de sa formation actuelle nous ne remonterons pas jusqu'à l'époque où la barbarie mercantile de l'Europe dépeuplait l'Afrique. Il nous suffira de constater que le baptême de feu qui a fait d'Haïti une nation a été la rédemption promise à tous les descendants de l'Afrique.

Dès ce moment le Noir américain a senti que ses chaines allaient tomber. Perdu dans le nombre, il ne pouvait pas arriver à l'indépendance, mais il pouvait être libre. La liberté ! nous étions en mesure de la donner pour l'avoir conquise nous-mêmes. Le rêve génial qui avait tourmenté auparavant le cerveau de Toussaint Louverture, ne serait réalisable que par la guerre déclarée au monde. Les Indépendants de 1804 ont été plus modestes, mais pas moins généreux. Ils donnaient la liberté à tous ceux qui avaient le bonheur de fouler le sol d'Haïti encore fumant. Rien ne distinguait les citoyens les uns des autres. Respirant le même air, ils avaïent le même souffle, la même vie.

Les premiers Haïtiens qui ont visité les Etats-Unis et les Américains qui sont venus adopter notre nationalité, ont laissé des noms également honorables. La perspicacité des hommes n'embrassse qu'imparfaitement l'œuvre du temps. Dans les jours mauvais où l'Haïtien perdait l'espoir d'être un rénovateur, I'ndépendance d'Haïti faisait la fierté des « colored men » des Etats.Unis. Chaque fois qu'une grande douleur faisait vibrer l'âme africaine là-bas, ici une émotion indicible empoignait la nation.

La mort de John Brown fut une de nos plus fortes secousses . Elle fut pour nos plus belles intelligences, l'occasion de prouver qu'elles étaient unies malgré la diversité de leurs tendances politiques. Il y a de ces vibrations qui ne meurent pas. Ceux qui ont pleuré ensemble ne l'oublieront jamais. La joie est fugitive, mais la sensation de la douleur persiste à travers les âges.

Messieurs,

On dit que les peuples jeunes sont des enfants qui manifestent par un seul geste le sentiment de la force et du droit. Ils brisent l'objet qu'ils ont dans la main, quitte à pleurer leur faute. Pour bien montrer que nous étions libres, nous avons souvent fait de la liberté un jouet que notre vanité d'affranchis pouvait mettre en pièces. Notre inexpérience était notre excuse.

En nous rapprochant de la date glorieuse de l'Indépendance, nous constatons les licences que se permet la liberté dans sa jeunesse. A cette époque, on arrêtait gaiment au passage le premier gentilhomme venu pour lui proposer l'échange de deux coups d'épée. La partie ne se refusait jamais. Il fallait être prêt à recevoir sabre au poing l'étranger envahisseur. Si par hasard un détracteur d'Haïti s'arrêtait dans la rade, on prenait un canot pour aller remettre un cartel sur le pont à l'agresseur imprudent. Le gouvernement avec ses principes d'ordre était souvent menacé. Mais sous le régime de cette chevalerie tout n'était pas mauvais dans les mœurs. Les exclavagistes exploitaient contre nos frères les fautes de notre vanité. «Voyez, disaient-ils, quel usage les nègres d'Haïti font de la liberté.» Mais la nation était là qui se gouvernait sans assistance. Et c'est une vérité incontestable que notre indépendance nationale a été l'argument le plus concluant en faveur de l'émancipation des esclaves dans le nouveau-monde.

Arrêtons-nous, Messieurs, pour saluer dans une inclination profonde les philanthropes qui ont défendu l'honneur de l'humanité par une lutte incessante en faveur de la liberté des noirs. Un jour, dans une salle immense, ou plutôt sur une place publique, leurs statues seront dressées pour l'enseignement de nos enfants par les yeux.

Messieurs, la raison autant que les faits repoussent la séparation de la race noire des autres races. Aux Etats-Unis nous luttons pour le rapprochement et non pour la séparation, pour l'égalité et non pour la suprématie. Il serait dans une erreur fort regrettable celui-là qui voudrait exclure le blanc de la société des noirs. Nos congénères américains eux-mêmes protesteraient contre une telle prétention. Le souvenir de la guerre de Sécession est dans tous les cœurs. Le cliquetis des armes entre le Sud agricole et le Nord industriel s'assoupit à peine.

Des blancs riches ont dépensé des sommes colossales au profit de l'organisation sociale des anciens esclaves. Si le noir américain n'a pas oublié ses souffrances passées, il n'a pas oublié non plus les services rendus à sa cause par les amis de sa race. Le jour de la manifestation imposante offerte à la mémoire de John Brown, un orateur disait : « Il y a aujourd'hui quarante ans, quel est celui parmi nous qui aurait cru qu'un jour il aurait à pleurer la mort d'un homme blanc ? »

La science sociale est loin d'être une science exacte. Il nous est donc difficile, si non impossible de préciser le moment où notre civilisation sera aussi avancée que celle des blancs. Quand par la pensée nous nous transportons sur la terre de notre origine, nous ne pouvons nous expliquer bien des choses que par hypothèse. Mais nous pouvons dire déjà que la race noire n'arrivera pas dans l'avenir à dominer par extension les autres races, à moins qu'un cataclysme ou un déchirement violent entre l'Europe et l'Asie ne vienne changer la statistique de l'ancien continent. La population totale du globe, d'après l'enseignement classique, est d'environ 1.580 millions d'habitants. La race noire se présente avec un effectif de 200 millions d'hommes. L'Afrique n'est pas une menace pour le monde. Mais c'est par ses veines que le sang originel remontera au cœur de l'humanité.

Chaque fois que le droit menacé crie au secours, l'homme noir se lève et répond : « Je suis prêt ! »

Un prédicateur devenu chef de l'Union américaine, a soulevé son enthousiasme en appliquant les préceptes de la Bible aux questions politiques et sociales.

L'homme noir a reconnu qu'il était juste en effet de s'opposer au triomphe de la force, à l'anéantissement d'un peuple illustre. Il est allé combattre en Europe, convaincu qu'il accomplissait un saint devoir. Sur le champ de bataille, le sentiment de sa valeur personnelle s'est fortifié. Nouveau Capois-La-Mort, il a vu l'ennemi se découvrir devant lui comme à Vertières.

Rentré dans ses pénates, plein de vaillance, que fera-t-il ? Il entreprendra une campagne de presse redoutable en faveur de l'Afrique. Le monde entier sera attentif à la question de race posée cette fois avec tant de hardiesse. Il est flatteur pour nous de rappeler que l'apostolat du noir américain a fourni alors à l'Association mixte de l'œuvre chrétienne l'occasion d'un geste inoubliable. Nous avons essayé, nous aussi, d'intéresser nos concitoyens au sort de l'Afrique. Et notre pétition adressée au Premier de France, M. Clémenceau, est aujourd'hui dans les archives du Congrès de la Paix.

Par une des plus heureuses fortunes, la campagne électorale pour la désignation d'un homme à la présidence des Etats-Unis devait s'ouvrir après le retour des noirs dans leurs foyers. Aux Etats-Unis, MM., vous le savez tous, la période électorale est la saison de la grande fièvre patriotique. Il est une heure chez les peuples où le pouls est plus agité. C'est le moment où tous les mécontentements se manifestent, où toutes les fautes s'accusent. C'est l'heure de l'expiation par le renversement des régimes impossibles. C'est l'heure de la récompense par l'élévation du mérite. A côté de leurs griefs contre la politique intérieure du parti au pouvoir, les colored men placent, et sur un piédestal plus élevé, la diminution d'Haïti comme république libre et indépendante. Ils soutiennent M. Harding, non pas seulement parce qu'il est républicain, mais parce qu'il promet d'être juste envers Haïti.

Il est dans les principes des peuples anglo-saxons de n'aider que ceux qui s'aident eux-mêmes. Ils ne vont pas au dehors se sacrifier pour un principe, parce que c'est un principe. Ce qui constitue le droit à leurs yeux, c'est l'effort personnel. Se conformant à l'éducation qu'ils ont reçue, nos frères américains demandent que nous agissions de notre côté avec fermeté, mais pacifiquement, afin que ce qu'ils réclament pour nous soit obtenu.

Un homme bien intentionné rédige un programme de justice. S'il triomphe, il s'orientera vers l'accomplissement de ses promesses. Mais il ne violentera pas l'opinion de son pays pour exécuter sur l'heure ce que les influences prépondérantes, avec une apparence de raison, commandent d'ajourner. Ici, l'esprit du patriote se trouble, car ses inquiétudes grandissent. Si nous refusons notre participation à ce qui se fait à notre bénéfice, nous serons victimes de notre indifférence. Nos amis se heurteront à cet invincible obstacle: que peut-on pour des gens qui ne connaissent pas leurs besoins? Alors, nous invoquerons en vain comme circonstances atténuantes les circonstances actuelles, l'occupation étrangère et le désarmement du pays. L'occupation? il s'agit de montrer qu'elle n'est pas nécessaire. Le désarmement? il ne s'agit pas de jeter aux échos un formidable appel aux armes. Ils ne sont plus, ceux-là qui avaient cru devoir protester les armes à la main. Mais nous qui restons, nous pouvons prouver notre patriotisme d'une façon non moins méritoire, en nous montrant dignes de reconstituer la souveraineté nationale.

Pour cela, messieurs, soyons des héros. Aucune souveraineté ne se fonde ou ne se reconquiert sans héroïsme.

L'héroïsme qu'on exige de nous est dans la reconnaissance pure et simple de la nécessité de la paix. Ne vous hâtez pas de tourner le dos comme si j'avais prononcé un mot banal, devenu choquant pour avoir trop servi le mensonge sur nos lèvres. Vous êtes des fils de héros, restez un peu pour que je vous dise quel courage il faut dépenser pour avoir la paix.

Au point de vue où j'envisage la chose, la paix nous a toujours manqué parce que nous avons toujours été lâches.

Nous n'avons jamais su pardonner.

Il est douloureux de voir prospérer un ennemi, de ne pas pouvoir se venger. Ceux qui ont la puissance de s'élever à l'abstraction la plus haute se surprennent quelquefois dans les basses régions de la haine. Il y a ce poids de la nature qui entraîne aussi le bon citoyen et rend difficile pour lui la pratique de la générosité. Autour de nous il y a tant d'injustices à réparer, que nous vivons dans une atmosphère chargée. Tous, nous étouffons, et cependant tous nous avons besoin de vivre. Il faut piocher rude en soi pour détruire ce qui mérite d'être détruit. Si nous prenons chacun l'engagement d'entreprendre cette œuvre de rénovation individuelle, la rénovation collective s'accomplira dans un temps très court. Ce n'est pas une longue culture éducative que je viens proposer, car il faut aller vite.— Ce n'est pas une série de batailles qui fait un héros, mais une action.—Il s'agit de se rapprocher.

Qu'est-ce qui nous retient ? Des considérations d'ordre secondaire et qui sont justement contraires à l'esprit de sacrifice dont il faut faire preuve. L'amour-propre mal compris fait son œuvre de malignité contre l'autonomie nationale. « Oui, se dit-on, je sens bien que l'heure est décisive, mais là où l'on m'appelle, je vois un ennemi, un homme avec qui il n'y a pas de rapprochement possible. » On suppose qu'il y a quelque honneur à figurer parmi ceux qui construisent l'œuvre du moment. Mais dans sa vanité, on se croit plus pur que celui qu'on voudrait voir à l'index. Dans l'instant même où vous pensez ainsi mon cher concitoyen, votre adversaire se dit : « Si cet homme entre dans la maison, moi j'en sortirai. »

Vous qui observez, cherchez la cause de cette répulsion réciproque. Vous la trouverez au fond d'une mesquinerie. Un rapport peut-être mensonger, véridique peut-être mais sans gravité, a amené entre deux amitiés une tiédeur que les malins esprits se plairont à entretenir. Finalement on se verra avec colère, car l'amitié retournée engendre comme conséquence la haine.

La haine est un feu qui projette loin sa chaleur. Les parents, les amis du camarade d'hier, seront englobés dans cette querelle inconsciente. Cela se constate dans la vie privée comme dans la vie politique. Mais c'est surtout dans les relations politiques que la haine cause des malaises graves.

Les principes sont souvent froissés, j'en conviens, mais les froissements entre individus s'opposent à ce que les principes soient défendus avec loyauté. Récriminations excessives d'un côté, complaisances coupables de l'autre, voilà ce qui se constate lorsque nous revendiquons nos droits. Le plus léger accident nous fait perdre la route, parce que nous n'avons pas de fixité dans l'intention. L'ami d'aujourd'hui sera l'adversaire de demain ; on ne se montre pas à lui tel qu'on est. Pour se conserver, on se replie dans la réserve. D'où cette conséquence, que nous n'avons pas dans le pays une ligue solide de bonnes volontés agissantes. C'est l'homogénéité qui fait la résistance. Lorsqu'une cause d'effritement est à la base de l'édifice, le bloc se désagrège et tombe.

A l'heure du danger imminent où il faudrait coordonner les efforts pour sauvegarder l'existence de tous, l'unité du commandement est impossible. On s'abstient pour ne pas contribuer à l'agrandissement de telle influence qui surgit ou se maintient : on ne veut faire la fortune de personne.

Cependant, il est dans les intérêts de tous que certaines individualités aient assez de crédit pour grouper les activités isolées et les conduire au but. Ces hommes ne sont choisis ni par vous ni par moi. Ce sont les élus de l'opportunité. Tant que nous nous consumerons dans la crainte de voir grandir quelques-uns, nous resterons tous petits et sans action.

Nous n'aimons pas les surélévations parce que la politique qui nous a gâtés se plait au nivellement. Nos secrètes ambitions nous font voir en tout citoyen qui préside une grande assemblée un candidat au Pouvoir. Mais, si nous considérons bien les besoins actuels, nous ne nous arrêterons pas à cette étroitesse d'esprit. Que chacun soit utile dans la mesure de ses moyens et dant toute l'étendue de la confiance qui lui est accordée.

L'avenir ne nous récompensera pas tous sous la forme que nous désirons. Servons avec désintéressement notre pays ; c'est-à-dire faisons en sorte que nous n'ayons pas besoin de ceux qui dispensent les faveurs.

La bienveillance mutuelle nous fera retrouver ce que nous avons perdu, l'indépendance de caractère. Et la route sera moins ardue qui conduit à l'indépendance nationale. Tout effort vers l'affranchissement se heurte à deux sortes d'obstacles: obstacles intérieurs et obstacles extérieurs. Les malentendus, les querelles intestines, qui sont pour nous les obstacles intérieurs, sont la cause de toutes les déviations qui nous font perdre le but.

Si nous nous fortifions au dedans, les obstacles extérieurs, c'est-à-dire la convoitise des forts, le désir d'expansion aux dépens des faibles, reculeront devant nous.

Messieurs, on sort assourdi de la lecture de notre histoire nationale, où la liberté s'est forgée au bruit de mille écrasements. Choc entre les grands blancs et les petits blancs, entre les colons de toutes classes et les affranchis; choc entre les nègres nés dans le pays et les nègres bossales sortis de l'Afrique. De ce tourbillon de flammes et de fumée est né le jour radieux de la liberté complète.

Nous avons une œuvre presqu'aussi grande à faire, mais sans sacrifice d'hommes. Pour la réaliser, nous n'avons qu'à nous dire ceci: la libération ne sera pas signée avant l'entente.

Ces coups de lance qui s'échangent dans la presse ne m'inquiètent pas outre mesure. Ce qui m'inquiète sérieusement ce sont les rancunes muettes qui nous tiennent éloignés les uns des autres. La patrie réclame de nous une générosité large, universelle. Faisons chacun un pas vers la réconciliation.

Que toutes les associations, sans perdre de vue leurs buts particuliers, se rapprochent pour la réalisation du but collectif. Gardons-nous de dire dans cette circonstance: « Ce n'est pas le nombre qui vaut, c'est le choix ».

Que dans toutes les communes les citoyens se groupent autour de la résolution du 5 décembre ! Que tous ces groupements se confondent en une société unique où dix mille, vingt mille, trente mille membres actifs répondent à l'appel ! L'Union Patriotique les attend.

APPENDICE

1804

Hymne dédié
A L'ASSOCIATION DU CENTENAIRE

Paroles et Musique de ROBERT GEFFRARD.

REFRAIN :

Réveillez-vous, soldat de la vaillance!
Et vous, martyrs, sortez de vos tombeaux!
Allons, debout; déployons nos drapeaux.
Voici le jour de notre Indépendance. *(bis)*

PREMIER COUPLET

Entendez-vous les cris de vos compagnes
Mêlés aux bruits de nos canons d'airain?
Et ces drapeaux, Symbole pur et saint,
Les voyez-vous flotter sur nos montagnes,
Et pavoiser nos riantes collines?
Ah! ce n'est plus le signal des combats
Où chaque brave allait droit au trépas.
Non, ces apprêts sont dûs à Dessalines. *(bis)*

DEUXIÈME COUPLET.

Jadis, la poudre avait noirci nos armes.
Entre l'horreur, l'esclavage et la mort
L'Indépendance a changé notre sort.
Nous n'avons plus à répandre de larmes,
Plus de parti, plus de sang, plus de haine :
Unissons-nous; nos cœurs comme un seul cœur
Doivent plutôt concourir au bonheur,
Comme au progrès de la Race africaine. *(bis)*

TROISIÈME COUPLET

Brisons nos fers, nous n'avons plus d'entraves,
Mais, si jamais quelque vil étranger
A le malheur, un instant, de songer
A nous flétrir en nous rendant esclaves,
Jurons, enfants d'une même patrie,
D'ensevelir dans un même tombeau
Les ennemis de notre fier drapeau,
Car la Patrie est sacrée et bénie! *(bis)*

LA DESSALINIENNE

HYMNE NATIONAL HAITIEN

Poésie de JUSTIN LHÉRISSON — Musique de NICOLAS GEFFRARD

I

Pour le Pays, pour les Ancêtres,
Marchons unis. (*bis*)
Dans nos rangs point de traîtres.
Du sol soyons seuls Maîtres.
Marchons unis, (*bis*)
Pour le Pays, pour les Ancêtres.
Marchons (*ter*) unis,
Pour le Pays, pour les Ancêtres.

II

Pour les Aïeux, pour la Patrie,
Bêchons joyeux : (*bis*)
Quand le champ fructifie
L'âme se fortifie.
Bêchons joyeux : (*bis*)
Pour les Aïeux, Pour la Patrie !
Bêchons (*ter*) joyeux
Pour les Aïeux, pour la Patrie !

III

Pour le Pays et pour nos Pères,
Formons des fils : (*bis*)
Libres, forts et prospères,
Toujours nous serons frères.
Formons des fils (*bis*)
Pour le Pays et pour nos Pères.
Formons (*ter*) des fils
Pour le Pays et pour nos Pères.

IV

Pour les Aïeux, pour la Patrie,
O Dieu des Preux! (*bis*)
Sous ta garde infinie
Prends nos droits, notre vie,
O Dieu des Preux! (*bis*)
Pour les Aïeux, pour la Patrie.
O Dieu (*ter*) des Preux,
Pour les Aïeux, pour la Patrie.

V

Pour le Drapeau, pour la Patrie,
Mourir est beau. (*bis*)
Notre passé nous crie:
« Ayez l'âme aguerrie.
« Mourir est beau, (*bis*)
« Pour le Drapeau, pour la Patrie. »
Mourir (*ter*) est beau
Pour le Drapeau, pour la Patrie!

TABLE DES MATIERES

DU MÊME AUTEUR

ERRATA

Page XII. — Lire : de père et *de* mère, etc.

« 61. — « *variaient* au lieu de varieraient.

« 149. — « L'Union *Patriotique* au lieu de Patritique.

Imp. CHÉRAQUIT, 1516, Rue du Docteur Aubry, 1516.

www.ingramcontent.com/pod-product-compliance
Ingram Content Group UK Ltd.
Pitfield, Milton Keynes, MK11 3LW, UK
UKHW022110260726
13993UKWH00001B/426